Ullstein

Mein Wien

Ein Lesebuch
von Susanna Kubelka

Ullstein

ein Ullstein Buch
Nr. 22828
im Verlag Ullstein GmbH
Frankfurt/M – Berlin

Ungekürzte Ausgabe

Umschlagentwurf: Hansbernd Lindemann
Umschlagfoto: Gemälde von Wilhelm
Gause: „Hofball in der Wiener Hofburg“,
Archiv für Kunst und Geschichte, Berlin

Taschenbuchausgabe mit Genehmigung
des Verlages Dr. Dietmar Straube GmbH

Printed in Germany 1992
Druck und Verarbeitung: Ebner Ulm
ISBN 3 548 22828 3

September 1992
Gedruckt auf Papier
mit chlorfrei
gebleichtem Zellstoff

Die Deutsche Bibliothek –
CIP-Einheitsaufnahme

Mein Wien: ein Lesebuch / Susanna
Kubelka. – Ungekürzte Ausg. –
Frankfurt/M; Berlin: Ullstein, 1992
(Ullstein-Buch; Nr. 22828)
ISBN 3-548-22828-3
NE: Kubelka, Susanna [Hrsg.]; GT

INHALT

Kapitel 1

MEIN WIEN – GANZ PERSÖNLICH

Wien ist aus meinem Leben nicht wegzudenken. Obwohl ich in Oberösterreich geboren bin, bin ich doch ein Produkt dieser herrlichen Stadt, in der ich studierte, promovierte, in der ich immer eine Wohnung haben werde. Meine Mutter, mein Bruder, mein Groß-Ur-Urgroßvater, meine Neffen, Nichten und diverse Tanten sind Wiener, was meinem Leben von Kindheit an eine heitere Prägung verlieh.

Bei uns zu Hause wurde gelacht und gesungen, wo andere nörgelten und immer nur das Schlechte sahen. Ich stamme aus einer Musikerfamilie. Mein Vater war Dirigent und ein begnadeter Geiger, mein Bruder, mein Neffe Wiener Sängerknaben, meine Nichte ist Flötistin, wir können alle Noten lesen, jeder spielt ein Instrument. Bei uns zu Hause wird noch musiziert. Wir kennen die Akustik sämtlicher Kirchen und Konzertsäle und wissen, wo man den besten Kaffee serviert. Ich würde sagen, es handelt sich um eine Familie echter, alter Wiener Tradition.

Ich habe ein besseres Verhältnis zu Wien als andere Schriftsteller meiner Generation. Ich lebe einen Teil des Jahres in Paris, vergleiche ständig zwei Weltstädte, zwei Kulturen, und lernte so den Vorteil meiner Heimat richtig schätzen. Gerade weil ich nicht ständig zu Hause bin, weiß ich, wie schön es hier ist und bei jedem Heimkommen wird es mir erneut bewußt.

Mein Verhältnis zu Wien läßt sich am besten mit der Ehe meiner Eltern vergleichen, die glücklich war und harmonisch, von Scheidung keine Spur. Viele Monate im Jahr war mein Vater auf Konzerttournee und das war gut. »Gerade weil wir oft getrennt waren, blieb uns viel Streit erspart«, sagt meine Mutter, »wenn man ununterbrochen aneinanderklebt, sieht man den andern gar nicht mehr. So aber weiß man, was man aneinander hat!«

Genauso ist es mit mir und Wien! Schon in Schwechat, am Flughafen, wird mir angenehm bewußt, daß ich zu Hause bin. Viel weniger Gedränge als in Roissy oder Orly, oder Kennedy, wo man stundenlang vor der Paßkontrolle wartet. Keine Angst vor einem plötzlichen Streik, der ohne Vorwarnung Taxis und Busse von der Erdoberfläche verschwinden läßt. Gemütlich geht man über den elegant polierten

Granitboden der Ankunftshalle dem Ausgang zu und in erstaunlich kurzer Zeit ist man daheim, ja, nicht einmal das Gepäck kam abhanden. Und das findet man in Wien normal!

Mit Vergnügen lasse ich mich nach Hause fahren, immer den Ring entlang, an der Oper vorbei, denn die Oper gehört mir, obwohl viele Wiener sicherlich genauso denken. Die Oper aber hat mein Onkel wieder aufgebaut, nur ihm ist es zu verdanken, daß der Prachtbau noch die Ringstraße ziert. Der dreifache Doktor Udo Illig nämlich war Minister für Handel und Wiederaufbau, als Österreich endlich den Staatsvertrag erhielt. »Fortschrittliche« Kreise planten, den bombenbeschädigten Bau zu demolieren und durch einen Betonklotz zu ersetzen.

Als mein Onkel im Ministerium die Baupläne sah, bekam er einen Tobsuchtsanfall. »Nur über meine Leiche!!« brüllte er so laut, daß sich die Sekretärinnen unter die Schreibtische duckten – (manchmal warf er auch mit Stühlen) und als er sich beruhigt hatte, begann er mit dem Wiederaufbau, aller Welt zum Trotz und die Oper blieb uns erhalten.

Ich habe ihn sehr geliebt, den kleinen, energischen Mann, der immer wußte, was er wollte und es meist auch bekam. Er malte, restaurierte, brachte mir Farb- und Sternkunde bei, hielt mir lange Reden über Kunstgeschichte, und erklärte mir sämtliche wichtigen Details der prachtvollen, sonnendurchfluteten Wiener Barockpalais. Er kannte alle Baumeister, alle Maler, alle großen Geister. Stundenlang konnte er Goethe zitieren. Die deutsche Literatur kannte er praktisch auswendig.

Solange er Minister war, war Geld in den Kassen Österreichs. Er tat alles für sein Land. An sich selbst aber sparte er eisern. So lehnte er zum Beispiel eine Dienstwohnung ab, denn unnötige Ausgaben waren ihm verhaßt. Er begnügte sich mit einem Zimmer in der Siebensterngasse, das er als Untermieter bewohnte, aß spärlich und ging zu Fuß den langen, damals noch kaum erleuchteten Weg ins Ministerium. Dort arbeitete er ganze Nächte durch. Am Wochenende fuhr er dann heim nach Graz in sein Stadtpalais.

Er ging nie auf Bälle und Empfänge, auch kaum ins Theater, sehr zum Kummer seiner hübschen blonden Frau Christine, die gerne ab und zu etwas große Welt gesehen hätte. Doch da war nichts zu machen. »Ich hasse diesen Auftrieb der Eitelkeiten« war sein letztes Wort, und so blieb man daheim. Dafür ging er liebend gern ins Museum und ins Dorotheum, wo er Bilder ersteigerte, die er später, in Pension auf der Burg Schlaining restaurierte. Die Burg war sein Alterssitz. Wieviele schöne Ferien habe ich dort bei ihm verbracht. In meinem ersten Roman »Burg vorhanden – Prinz gesucht« habe ich ihm ein amüsantes Denkmal gesetzt.

Überhaupt spielt die Kindheit in fast allen meinen Büchern mit. Ja, ohne Wien hätte ich mein »Endlich über vierzig« niemals schreiben können. Ich hatte das Glück, von Verwandten und Bekannten umgeben zu sein, die lange jung blieben, weil sie das Leben zu genießen wußten. Sie waren optimistisch und exzentrisch wie meine schöne Tante Clara, die mit 93 starb, sie war ein Schatz an Inspiration!

Tante Clara war die Tochter eines großen Bauunternehmers. Gehorsam heiratete sie den Kompagnon ihres Vaters, obwohl von Liebe keine Rede war. Nach der Trauung verschwand der Bräutigam. Wohin? Sie erfuhr es nie. Dafür fand sie ihn volltrunken vor der Schlafzimmertür – am Morgen nach der Hochzeitsnacht. Tante Clara trug es mit Fassung. Vier Jahre später war sie Witwe und beschloß ihr Leben zu genießen. »Meinem Mann war ich treu«, belehrte sie mich, ich war knapp zwölf, »doch dann habe ich immer drei Liebhaber gehabt. Einer war da, einer im Kommen, einer im Gehen.« Dreißig Jahre hatte sie einen Geliebten, Besitzer einer großen Bank und zwischendurch erlebte sie Sternstunden mit verschiedenen Verehrern aus derselben Branche. In Wien gibt es noch Privatbanken, die seit Generationen in derselben Familie sind. Namen nenne ich keine. Doch die Großväter der heutigen Besitzer waren samt und sonders Liebhaber meiner reizenden Tante Clara, dem Urbegriff der schönen Wienerin.

Die Sammlung ihrer Liebesbriefe, die den staunenden Verwandten nach ihrem Tod in die Hände fiel, war druckreif. Viele bekannte Namen waren vertreten, nach Jahren geordnet, säuberlich gebündelt, mit blauen Seidenschleifen versehen. Der Inhalt besagter Briefe war Gesprächsthema Nummer eins auf Tante Claras Begräbnis. Es wurde eine beschwingte Feier!

Tante Clara war blond, mit zarter Haut, hellem Teint, mollig, mit voller Brust. Ihre Hände und Füße waren klein, ihre Haare immer wunderbar gelockt, die blauen Augen zart geschminkt. In ihrer Wohnung standen immer Blumen, immer roch es gut nach Kuchen und Kaffee.

»Weißt du«, teilte sie mir mit, »ich bin nicht eifersüchtig auf die Familie oder die Frau. Ich will meinen Freund nicht jeden Tag. Ich will ihn nur sehen, wenn er gut gelaunt ist, Zeit hat, Sehnsucht nach mir hat. Wenn er mit grauem Gesicht zur Tür hereinkommt, schicke ich ihn gleich wieder weg. Das kann er seiner Familie zeigen, das Alltagsgesicht. Ich will schöne Stunden mit ihm verbringen. Sonst nichts!« Natürlich tröstete sie mich ergiebigst, als ich selbst ins liebes- und leidensfähige Alter kam. Sie hatte stundenlang Zeit für mich, jedes Detail wollte sie hören, sie hatte volles Interesse an allem, was mit Männern und Gefühl zusammenhing. »Aber Kind, weine nicht,« pflegte sie zu sagen, »es wird schon alles gut. Und merk' dir was: Auch unglückliche Liebe ist schön!«

Tante Clara gab nir nie Geld. Bis auf ein einziges Mal und das erstaunte mich zutiefst! Wir saßen in ihrem schönen Wohnzimmer, tranken Kaffee, ich war damals Lehrerin in einem kleinen Dorf in Oberösterreich und erzählte, wie es mir so ging. Sie hörte aufmerksam zu. Plötzlich sagte sie: »Wenn du heiraten willst, kannst du nicht ewig in diesem Nest bleiben. Da findest du keinen Mann, der zu dir paßt!«

»Warum nicht?« – »Weils dort keinen gibt!«

Das war mir zwar nicht klar, denn ich war neunzehn und in diesem Alter denkt man noch, daß der Richtige schon irgendwie vom Himmel fallen wird, auch nach Taufkirchen an der Pram ins tiefste Innviertel, warum auch nicht? Doch Tante Clara hatte recht und als ich wirklich die Schule verließ, um nach Paris zu gehen, weil ich neugierig war und ein neues Leben kennenlernen wollte, stand sie mir bei. Sie griff in ihren Schreibtisch, zog eine Schatulle heraus und drückte mir einen Geldschein in die Hand. »Da hast du«, sagte sie erfreut, »was du tust hat Sinn!«

Tante Clara unterstützte nur, was für sie Sinn hatte. Und eine sichere Stelle aufzugeben und auf Abenteuersuche in die Welt hinauszuziehen – was konnte sinnvoller sein? Sie gab mir auch viele gute Ratschläge fürs Leben. Ich habe sie alle beherzigt, sie haben mir viel Gutes eingebracht: »Mache nie andere Leute auf einen Fehler aufmerksam«, war ihr Grundprinzip. »Sage nie: Meine Ohren sind zu groß, oder mein Kinn ist zu spitz. Die Leute merken das nicht. Aber stößt du sie mit der Nase drauf, trompeten sie es überall herum. Und wenn einer sagt, die Grete ist hübsch, heißt es sofort: Ja, aber sie hat O-Beine. Sie hat es selbst gesagt!« Tante Clara beklagte sich auch nie über ihr Alter. »Ich kriege Falten! Ich werde alt«, diese Sätze habe ich nie von ihr gehört. Wie alt jemand war, interessierte sie nicht. Das war kein Thema. Und wenn jemand doch darüber sprach, sagte sie anschließend zu mir: »Ach sind die Leute oberflächlich. Falten oder nicht, darauf kommts doch gar nicht an.« Tante Clara blieb gepflegt bis zu ihrem Tod. Immer wunderbar gekleidet, frisiert, manikürt. Doch darüber verlor sie kein Wort. Elegant und gepflegt zu sein war normal.

»Hierzulande altern die Frauen nie«, schrieb der ungarische Graf Fekete im 18. Jahrhundet über Wien, »Damen, die weit über vierzig zählen, ja, selbst Fünfzigjährige kleiden sich wie junge Mädchen und es gelingt ihnen, Männer zu finden, die sich an ihren Reizen begeistern.«

Als Tante Clara fünfzig war, war sie noch jung. Auch mit sechzig war sie nicht alt, mit achtzig hatte sie noch Verehrer und fand das ganz normal. Sie war ein sprühender Geist, liebte das Leben, niemals langweilte man sich in ihrer Gegenwart und darauf kam es an. Lückenlos fügt sie sich in die Wiener Tradition ewig junger Frauen: Fanny Elßler, mit sechzig noch lieblich, mit bezauberndem Dekolleté (wie der gefürchtete Kritiker Hanslick schreibt). Marie Esterhazy, Verehrerin Joseph Haydns, noch im hohen Alter eine Schönheit (wie wir von Metternich wissen), Marie Geistinger, als Offenbachs schöne Helena unübertroffen, und so jugendfrisch, daß sie sich zwanzig Jahre jünger machte und man erst nach ihrem Tod dahinterkam. Oder Adele Strauß, die letzte Frau des Walzerkönigs, schwarzäugig, mit Elfenbeinhaut, die mit siebzig noch die Männer fesselte und in Wien die ewig junge, orientalische Prinzessin hieß.

»Wien ist meine liebste Stadt«, sagte eine englische Journalistin, die in der ganzen Welt herumgeflogen war, »in Wien steht man mit sechzig noch nicht mit einem Fuß im Grab. Mit sechzig steht man mitten im Leben. Mit der Pension kommt der zweite Frühling. Mit siebzig heiratet man noch einmal und wenn man mit achtzig merkt, daß das Dasein nicht ewig währt, fängt man erst *wirklich* an, sich zu amüsieren. In Wien bleibt man immer jung. Und weil man daran glaubt, erfüllt es sich auch!«

Ein noch wichtigeres Beispiel als die geliebte Tante Clara ist natürlich meine Mutter. Sie erstickt jede Altersangst im Keim, darum ist mein Buch »Endlich über vierzig« auch ihr gewidmet. Wenn sie mit ihren 89 Jahren nicht auf Weltreise geht, oder allein nach Amerika fliegt, setzt sie sich hin und schreibt, denn mit 85 begann sie eine neue Karriere als Schriftstellerin. Sie ist Mitarbeiterin diverser Bücher, sehr interessanter Projekte. Sie publizierte Kurzgeschichten und Kindheitserinnerungen, eine große Tageszeitung kaufte ihre Serie »Geschichten an meine Enkelin« ab, und auch für dieses Buch schrieb sie eine Liebesgeschichte, die ergreifendste von allen. Meine Mutter ist eine Wienerin mit dem gesunden Wiener Hausverstand, der die Frauen dieser Stadt so liebenswert macht. Ich verdanke ihr alles. Meine inner Ruhe, den Glauben an die Zukunft, das Wissen um das Gute in der Welt, meinen Humor, mein Talent. Sie war und ist mir das größte Vorbild, sie hat mir meine Jugend geschenkt und mich glücklich gemacht. Wie oft bin ich verzweifelt zu ihr gekommmen, erdrückt von der Dummheit der Welt. Und meine Mutter? Sprach ein einziges Wort und alles war gut. Dazu ein kleines Beispiel amouröser Natur aus meiner Backfischzeit, einem schwierigen Alter, denn man weiß nichts, kann nichts, hat noch nichts erlebt und das kleinste Problem scheint einen zu erdrücken.

Ich war sechzehn Jahre alt und hatte einen Freund. Ich mochte ihn gern, es war alles ganz harmlos, bis er anfing, mich zu quälen. Er wollte unbedingt eine Nacht mit mir verbringen. Ich aber war noch Jungfrau und verspürte keine Lust dazu. Eine Zeitlang ging es gut. Dann begann er mich zu erpressen. »Wenn du nicht mit mir schläfst«, sagte er eines Tages, »zwingst du mich, ins Bordell zu gehn!« Beim Wort Bordell wurde mir schlecht. Ich sah im Geist die schönsten Frauen, verlockend, nackt, die sich wie Schlangen um meinen Freund rankten. Ich sah üppige Lager aus Seide, silberne Champagnerkübel, und die Frauen sagten zu allem ja, es war zu gräßlich um es zu ertragen. Eine Nacht schlief ich kaum, dann erzählte ich es meiner Mutter. Sie blieb ganz kühl. »Er will ins Bordell?« sagte sie nur, »Wunderbar. Laß' ihn gehn. Das kostet viel Geld und nachher ist er furchtbar enttäuscht.«

Genauso war es auch. Was mich trotzdem nicht hinderte, mit ihm Schluß zu machen. Doch die Pointe ist die Reaktion meiner Mama. Mit ein paar Worten nahm sie mir die Angst, die Seelenruhe war wiederhergestellt und ich suchte mir einen neuen, geduldigeren Freund.

Ja, eine echte Wienerin bringt nichts so schnell aus der Fassung. »Es wird schon gut gehn«, denkt sie, ohne sich weiter aufzuregen. Und meist hat sie recht. Dazu die Geschichte meines ersten großen Balls. Es ist eine typische Wiener Geschichte, typisch insofern, als sie chaotisch beginnt und im Glück endet. Um ein Haar nämlich hätte ich den Ball versäumt. Doch ich beginne am besten von vorne.

Mein erster großer Ball war eine vornehme Angelegenheit. Er fand in den Sophiensälen statt, unter Ehrenschutz des Bundespräsidenten, und ich gehörte zum Eröffnungskomitee. Seit Wochen hatten wir die Quadrille geprobt, es war alles furchtbar fein, die Tanzherrn trugen weiße Handschuhe, die Eltern waren präsent, man wurde vor den Proben abgeholt und nachher wieder zurückgebracht, was will man mehr? Der letzte Tag brach an. Am Abend war Ball. Da wir in Oberösterreich lebten, wohnten wir bei meiner Tante Inka (Wienerisch für Josephine–Finka–Inka), denn mein Onkel hatte weder Zeit noch Platz, um uns aufzunehmen und mein Großvater war erkrankt. Tante Inkas Name war kurz – umso länger war ihre Geduld. Man durfte alles bei ihr tun, und wurde noch wunderbar bekocht. Ihre Mehlspeisen sind mir unvergeßlich. Jedenfalls, der große Tag war da. Tante Inka fuhr aufs Land, warum weiß ich nicht mehr. Meine Mutter ging mittags zum Friseur, mein Vater ins Café, und ich probierte mein Kleid und stellte fest, daß der Unterrock nicht steif genug war. Kein Problem, dachte ich. Ich werde ihn waschen und stärken, abends ist er dann perfekt. Gesagt, getan.

Ich war von zu Hause verwöhnt. Meine Mutter kümmerte sich immer um alles, putzte Schuhe, wusch Wäsche, bügelte Kleider und Blusen, wofür ich ihr von Herzen dankbar war. In meinem 17jährigen Leben jedenfalls hatte ich noch nie Wäsche gewaschen, geschweige denn gestärkt, also wußte ich nicht, wie lange sie zum Trocknen braucht. In meiner Erinnerung hängte man sie naß ins Freie, um sie trocken wieder hereinzuholen, und genau das hatte ich vor. Ich wusch den Unterrock mühsam mit der Hand, tauchte ihn in flüssige Stärke und hängte ihn schwer und triefend hinaus in die blasse Wintersonne. Anschließend war ich sehr zufrieden und nahm ein Bad. Der Unterrock war eine Pracht. Drei Reihen Volants, und so viel Stoff, daß er sich drehte wie ein Rad und beim Tanzen wie eine Wolke um die Beine schwang. Er war aus festem, teurem Leinen und ich wußte, man durfte ihn nicht ganz trocknen lassen. Meine Mutter holte ihn bügelfeucht von der Leine, um ihn dann mit viel Geduld mühsam steif wie ein Brett zu plätten. Erst dann verlieh er dem Kleid die richtige Form. Ballkleider mußten schwingen wie Glockenblumen. Dafür schnürte man die Taille so eng es ging. Mein Kleid war aus herrlichem glänzenden Seidenduchesse, schulterfrei, mit eingebautem Mieder. Es gab Schnüre, Haken, Druckknöpfe, Ösen, das Anziehen war eine Qual, doch was machte das aus? Was leicht geht schätzt man nicht. Schönheit leidet gern.

Da der Stoff weich war, brauchte er Stütze. Der Unterrock mußte so hart sein, daß man ihn zu Boden stellen konnte. Blieb er wie eine Teehaube stehen, war er perfekt. Dann überstand er auch die längste Ballnacht, dann schwang er bis fünf Uhr früh beim Walzer wie eine Krinoline, nur das Sitzen tat weh. Man ruht hart auf steifen Volants, sie kratzen auf den Oberschenkeln – doch wer sitzt schon auf einem Ball? Ich nicht! Ich tanzte die ganze Nacht, so würde es auch diesmal sein.

Es war ausgemacht, daß meine Eltern mich um halb acht holen würden. Um acht war Einlaß, der Ball begann um neun. Um fünf holte ich den Unterrock herein. Mein Herz setzte aus, als ich ihn von der

Leine nahm. Er war tropfnaß, so naß, wie ich ihn hinausgehängt hatte. Fünf Stunden Sonne Ende Januar an einem kalten Wintertag war offensichtlich nicht genug. Was hatte ich getan? Und was sollte ich tun? Ohne Unterrock kein Ball. Das war klar. Und keine Zeit zu verlieren. Also begann ich zu bügeln.

Es war gräßlich! Minutenlang mußte ich das heiße Eisen auf ein und dieselbe Stelle pressen, um ein kleines Stück steif und trocken zu kriegen. Das Eisen zischte, die Stärke stank, Dampfwolken bildeten sich um mich und mein Bügelbrett, die Haare hingen mir in Strähnen ins Gesicht, als ich mühsam Stück für Stück den schweren, nassen Stoff in ein steifes Traumgebilde verwandelte. Es ging viel langsamer, als gedacht und ich weiß nicht, wieviel Zeit verfloß, doch plötzlich öffnete sich die Tür und ich hörte, wie jemand nach Luft schnappte. »Um Gottes Willen!« Das war die Stimme meiner Mutter, »was ist denn da passiert?«

Durch die Dampfschwaden erspähte ich meine Eltern, beide elegant gekleidet und sichtlich konsterniert. Sie standen an der Tür, meine Mutter in einem veilchenblauen Abendkleid, mein Vater im Smoking. Er hatte die Hand auf der Klinke und blickte auf Mama, die aussah, als würde sie sofort in Tränen ausbrechen. »Ist es schon halb acht?« fragte ich so leichthin wie möglich. »Dreiviertel. Was ist denn los?« »Ich hab' den Unterrock gewaschen und er ist nicht ganz trocken geworden.« »Was? Aber warum denn? Er war doch ganz frisch. Ich hab' ihn zu Hause noch gestärkt.« »Aber nicht steif genug.« »Susanna«, meine Mutter sank in den nächsten Stuhl, »du machst es einem nicht leicht. Den ganzen Nachmittag hab ich mich auf dich gefreut und gedacht, jetzt zieht sie sich an für ihren ersten großen Ball, jetzt frisiert sie sich. Jetzt ist sie fertig, jetzt wartet sie schon auf uns. Ich hab' mir vorgestellt, wie du dastehst in deinem hübschen Ballkleid, ich hab' mir ausgemalt, wie wir alle drei in Ruhe zusammen zum Ball gehn, endlich einmal pünktlich. Und was ist? Du stehtst da, halb nackt, und wie du aussieht, wirst du *nie* fertig!« »Doch, doch«, sagte ich schnell, um meine Panik zu verbergen, »zwei Drittel hab' ich schon. Der Rest geht schnell.« »Du brauchst mindestens noch eine halbe Stunde,« sie sah auf die Uhr, »um acht ist Einlaß!« »Der Ball beginnt um neun!« »Aber du eröffnest!« »Ich bügle so schnell ich kann! Bitte, mach' mich nicht nervös.«

Meine Mutter sah hilfeflehend auf meinen Vater. Er hatte die Türklinke losgelassen und sein silbernes Zigarettenetui hervorgeholt. »Susi«, sagte er, »du kannst nicht erwarten, daß deine Mutter jetzt zu bügeln beginnt!« »Wie wahr!« bestätigte Mama ganz unverhofft, denn normalerweise hätte sie mir das Eisen aus der Hand gerissen und

gesagt: »Überlaß' das mir! Verschwinde und mach dich fertig.« »Nein«, fuhr meine Mutter fort, »das badest du jetzt selber aus. Ich hab' mich so auf den Ball gefreut. Ich will mich nicht ärgern. Ich lasse mir den schönen Abend nicht verderben.« Sie stand auf. »Weißt du was? Wir gehen voraus und du kommst nach. Wenn du da bist, bist du da.« »Glänzende Idee«, mein Vater zündete seine Zigarette an, »also, servus Susi. Wir sehn uns später.«
Und meine Eltern schwebten davon, als ob es *ihr* erster Ball wäre und nicht meiner. Meinem konsternierten Tanzpartner, der seit sieben im Foyer auf uns gewartet hatte, teilten sie mit, daß ich sicher bald erscheinen werde, und so war es auch. Das letzte Drittel ging tatsächlich schneller, mit der Arbeit kommt die Übung, um zehn nach acht war mein Unterrock steif wie Karton, nur der Gummizug an der Taille war noch feucht. Doch das störte mich nicht. Um halb neun war ich fertig, die Haare geföhnt, Schuhe und Strümpfe an den Füßen, Ballkleid festgezurrt nach allen Regeln der Kunst. Vor dem Spiegel an der Eingangstür drehte ich mich probeweise in alle Richtungen. Die Mühe war nicht umsonst gewesen. Das Kleid fiel perfekt und die langen Haare auf den nackten Schultern – gut sah das aus! Ich fühlte mich plötzlich wie eine Prinzessin, Aschenbrödel ade! Schnell der Mantel! Dann lief ich durch den weißen Winterabend über die schlecht gekehrten Straßen auf meinen dünnen, hochhackigen Spangenschuhen von der Landstraße Hauptstraße hinüber zu den Sophiensälen.

Um dreiviertel neun kam ich atemlos an. Klaus, mein Tanzherr zog mich schnell die Treppe hoch, und schon stand ich in der Reihe mit den anderen Eröffnungspaaren, als ob nichts geschehen wäre. Weiße Seidenblumen wurden ausgeteilt. Wir steckten sie uns ins Haar. Dann erklangen die ersten Takte der »Aufforderung zum Tanz« die nirgends so erhebend wirken wie in Wien. Die Herren verneigten sich vor uns, reichten uns die Hand, und wir schritten paarweise in den strahlend hell erleuchteten Saal. Das Parkett war spiegelglatt, die Luft flirrte und duftete nach Rosen, die stolzen Eltern standen Spalier, es war ein unvergeßlicher Moment.

Ich war so aufgeregt, ich konnte kaum atmen. Es war mein erster Auftritt in der Öffentlichkeit. Doch kaum standen wir in einer Reihe im großen Saal und begannen die Quadrille, wurde ich ganz ruhig. Ich genoß jeden Schritt, jede Drehung, jede Figur, alles lief perfekt. Und dann kam der Eröffnungswalzer, es war reinste Seligkeit. Es wurde ein herrlicher Ball. Genauso, wie man sich einen ersten Ball in Wien erträumt. Bis fünf Uhr früh tanzten wir fast ununterbrochen, selbst meine Eltern hielten bis drei Uhr durch. Und das war nur der erste von vielen Bällen, die folgten. Opernball, Neustädter- und Philharmonikerball, Ärzte-, Bürger- und Oberösterreicherball und wir verliebten uns, Klaus und ich. Er ist aus meinen Ballerinnerungen nicht mehr wegzudenken.

Manche Tanzfeste fanden am Sonntagabend statt. Da gingen wir nach dem letzten Walzer um fünf Uhr früh zu Fuß durch den tiefen Schnee zum Westbahnhof, wo ich den Zug um halb sechs erreichte, der mich um halb acht nach Linz brachte. Um dreiviertel acht war ich in der Schule (im Zug hatte ich mich umgezogen) und überstand den Unterricht ohne allzu große Müdigkeit. Meine erste Ballsaison bestand aus vielen durchtanzten und durchwachten Nächten. Es war himmlisch!

Im Grunde war es ein harmloses Vergnügen. Die heimlichen Abschiedsküsse im gutbeheizten Zugabteil waren schön. Doch wichtiger war das Tanzen. Tanzen, sich drehen, schweben, aufgehen in Musik, fühlen, daß man lebt – das gehört zu Wien. Die Ballsaison war mir wichtiger als Sommer- und Weihnachtsferien, ja, ich verstehe, daß man sich früher in Wien halb zu Tode getanzt hat.

Aus diesem Grunde wäre ich gerne vor 190 Jahren geboren. Mit größtem Genuß hätte ich im Biedermeier gelebt, denn obwohl in Wien zu allen Zeiten mehr getanzt wurde als in anderen Städten, war der Tanz im Biedermeier Kaiser. Und man errichtete seiner Majestät standesgemäße Paläste. Was heute kaum jemand weiß: Wien war weltberühmt durch die Pracht seiner Tanzsäle. Manche sahen aus wie der goldene Saal des Musikvereins, nur noch größer. Es gab Feenpaläste wie den Apollosaal am Brillantengrund in der heutigen Zieglergasse, der aus 36 Sälen bestand und 10 000 Menschen faßte. Jeder Saal war anders eingerichtet: als Labyrinth mit Hecken, Palmen, Rosen, Felsgrotten, Wasserfällen. Als türkischer Pavillon mit Seidengehängen und Ottomanen, und war man hungrig gabs standesgemäß zu essen: Der Besitzer, Sigmund Wolfssohn hatte für 600 000 Gulden ein Silberservice für seine Gäste gekauft.

Beim Technischen Museum stand Schwenders berühmtes Colosseum, mit Theater-, Amor- und Florasaal. Schwenders »Neue Welt«, aber schlug alle Rekorde. Ein riesiger Vergnügungspark zwischen Hietzinger Haupt- und Lainzerstraße, mit altem Schloß und gegenüber einer Kopie der Alhambra von Granada, deren Terrasse allein 10 000 Menschen faßte. Man tanzte, die Brüder Strauß spielten Walzer, heute erinnert nur noch die Neue Welt Gasse an die alte Pracht. Doch das war nicht alles. Im zweiten Bezirk stand das riesige Odeon und in der

Innenstadt gab es ein unterirdisches Feenreich, eine Märchenwelt aus mehreren Sälen, die von der Annagasse Nr. 3 bis zum Metrokino in der Johannesgasse reichte. Jeder Saal war einem anderen Erdteil geweiht, im Afrikasaal wurde die Decke durch überlebensgroße Elefanten gestützt. In Marcel Prawys großartigem Buch: »Johann Strauß, Weltgeschichte im Walzertakt« ist ein ganzes Kapitel mit Bildern den Wiener Tanzsälen gewidmet, die in der ganzen Welt nicht ihresgleichen hatten. Eigentlich müßte das Biedermeier Walzerzeit heißen, denn jeden Abend wurde getanzt. Jedes Gasthaus hatte einen Tanzboden, man feierte Bälle, Gartenfeste, Kränzchen, jede Schenke hatte ein Orchester, die vorhin genannten Feenpaläste waren täglich überfüllt, ebenso wie Dommayers und Ungers Kasino, das Sperl, sowie das Sophien- und Dianabad, die im Winter in Tanzsäle umgewandelt wurden.

Im modernen Wien werden Eissalons im Winter zu Teppich- oder Pelzgeschäften. Im Alten Wien wurde jedes Lokal, das frei war und einen geraden Boden besaß im Winter zu einem Tanzpalast. Das Biedermeier war eine Zeit der Befreiung nach den fast dreißigjährigen Eroberungskriegen Napoleons. Ganz Europa versetzte er in Angst und Schrecken. Als er endlich sicher auf St. Helena saß und der Wiener Kongreß bis auf kleinere Konflikte Europa 99 Jahre Frieden bescherte, begann eine Zeit überschäumender Lebenslust. Einen Tag ohne Tanzen gab es nicht.

»Wie es die Damen welche die ganze Woche hindurch täglich tanzen, aushalten und dabei immer frisch aussehen und lustigen Gemüthes sind, das begreife ich nicht«, schrieb Friedrich Reichardt in seinen »Briefen aus Wien«.

»Jeder junge Mann ist zu bedauern, der nicht tanzt«, meinte der Schriftsteller Rautenstrauch, «und doch entweder eine Gattin oder eine Geliebte hat. So weit überwindet sich keine, ihm zu Liebe dem Tanzen zu entsagen. Er muß sich also öfter gefallen lassen, sein Weibchen in den Händen des berufensten Taugenichts zu sehen, weil sie sagt: Er tanzt göttlich!« Und Rautenstrauch fügt hinzu: »Das Deutschtanzen ist ein schädliches rasendes Toben, welches die Leidenschaft in Flammen bläst. Das steyrische Tanzen mattet erschrecklich ab und in jedem Jahr gibt es Beispiele die Menge, wie leicht man sich in Wien ins Grab tanzen kann ...«

Auch über die Maskenbälle hat er einiges zu sagen, ließen sich die Wienerinnen doch nicht abhalten, auch in die überfülltesten Veranstaltungen zu gehen: »So gern die Frauen und Mädchen das Bett lieben, und so gern sie in den Federn stecken, so gern unterbrechen sie den

Schlaf, und alle üblichen Bequemlichkeiten, wenn die Redouten angehen. Diese zarten, weichen Geschöpfe, die ... in der mindesten rauhen Luft Konvulsionen bekommen, stürzen sich da in das außerordentlichste Gedränge hinein und ihre subtilen Körper halten es recht gut aus. Je mehr man sie quetscht, für desto schöner hält man es und je gedrängter die Gesellschaft ist, desto mehr wünscht man sich Glück, daß man ihr beigewohnt hat!«

Im Biedermeier eroberte der Wiener Walzer die Welt. Der Walzer galt als Tanz des Universums, denn beim Walzer dreht man sich um sich selbst und um den Saal, sowie sich die Erde um sich selbst und um die Sonne dreht. Es gab drei Arten Walzer: Den Ländler, Schleifer oder langsamen Walzer. Den gewöhnlichen Walzer, und den Wiener- oder Geschwindwalzer. Kein Wunder, hatten doch die Wienerinnen das meiste Temperament. In Wien tanzte man auch den Langaus, den ewig währenden Walzer, der schließlich polizeilich verboten wurde, da er angeblich Bluthusten, Lungensucht und Tod hervorrief.

Doch von allen Exzessen abgesehen eroberte der Walzer die Welt auf Grund seiner Schönheit. Der Franzose Comte de la Garde verbreitete seinen Ruf bis Paris. Er hatte auf dem Wiener Kongreß gesehen, wie man richtig Walzer tanzt und sich in das Bild verliebt. »Nach dem Weggehen der Souveräne«, schreibt er, »begannen die Orchester Walzer zu spielen. Alsobald schien eine elektrische Bewegung sich der ganzen zahllosen Versammlung mitzuteilen. Österreich ist das Vaterland des Walzers, in diesem Land und besonders in Wien hat dieser Tanz, Dank dem musikalischen Gehöre der Einwohner, all den Reiz bekommen, der ihm eigen ist ... man muß es dort mit ansehen, wie der Herr seine Dame nach dem Takte unterstützt und in dem wirbelnden Laufe hebt und diese dem süßen Zauber sich hingibt und eine Art von Schwindel ihrem Blick einen unbestimmten Ausdruck verleiht, der ihre Schönheit vermehrt. Man kann aber auch kaum die Macht begreifen, die der Walzer ausübt. Sobald die ersten Takte sich hören lassen, klären sich die Mienen auf, Augen beleben sich, ein Wonnebeben durchrieselt alle. Die anmutigen Kreisel bilden sich, setzen sich in Bewegung, kreuzen sich, überholen sich, während die Zuschauer, welche das Alter zur Untätigkeit verdammt, den Takt und den Rhythmus mit dem Fuße markieren, in Gedanken und in der Erinnerung noch in dem Vergnügen schwelgend, das ihnen versagt ist.

Man mußte diese hinreißend schönen Frauen sehen, ganz von Blumen und Diamanten strahlend, durch diese unwiderstehliche Musik fortgezogen, auf den Arm ihrer Tänzer sich lehnend und glänzenden Meteoren gleich; die glänzende Seide, die leichte Gaze ihrer Kleidung folgte der Bewegung und zeichnete lieblich wogende Wellenlinien, und dann endlich: diese Art von ekstatischer Wonne, welche ihr reizendes Antlitz atmete, wenn die Ermüdung sie nötigte, die luftigen Regionen zu verlassen und von der Erde neue Kräfte zu fordern. Diese Lust endet erst mit der Nacht, erst die Strahlen der aufgehenden Sonne schienen dieser so belebten, blendenden Gesellschaft ein Ziel setzen zu können.«

Im Jahre 1848 glückte um ein Haar, was nach dem Ersten Weltkrieg gelang, nämlich, die Habsburger zu vertreiben und das schöne Österreich-Ungarn zu zerstückeln. Die Revolution wurde zwar niedergeschlagen, doch die Lebensfreude war eine Zeitlang gebrochen.

»Der junge Strauß sah voraus, daß das durchs ganze Jahr tanzende Wien des Vormärzes nicht mehr wiederkommen konnte«, schrieb Philipp Fahrbach in seinen Alt-Wiener Erinnerungen aus dem Jahre 1883, »für die Zeit der Militärherrschaft und des straffen Zentralismus genügte ein einziges, erstklassiges Orchester und das mußte Strauß heißen. Sollten bessere Tage kommen – nun, da waren noch Joseph und Eduard da.«

Die besseren Tage kamen schneller als gedacht. Bereits acht Jahre später entschloß sich der junge Kaiser Franz Joseph aus Wien ein zweites Paris zu machen, die Befestigungsmauern niederzureißen und auf dem Glacis eine Wiener Champs Elysees zu errichten. Nun begann die Ringstraßenzeit, eine Epoche unglaublichen Aufschwunges, denn die mißglückte Revolution schenkte dem Land eine Gnadenfrist von fast 70 Jahren, lang genug, um das neue, das Goldene Wien entstehen zu lassen. Das Biedermeier hatte der Welt Musik, Kleider und Möbel geschenkt, die unvergeßlich wurden – man versuche nur, in Amerika einen Biedermeierschrank zu erstehen. Ein Auto ist billiger! Auch in Europa ist alles, was nur entfernt nach Biedermeier riecht, unerschwinglich teuer geworden.

Das Goldene Wien schenkte uns die Oper, das Burgtheater, das Rathaus, das Parlament. Die prächtigen Häuser der Gründerzeit, die lieblichen des Jugendstil. Das berühmte Wiener Wohlbehagen machte sich wieder breit, ja, mehr als das, der Rausch Geld zu verdienen, kam über die Stadt. Kaiser Franz Joseph verlor zwar die Schlachten von Solferino und Königgrätz – im Jahre 1873 gab es auch einen Börsenkrach, bei dem Spekulanten (ein in Wien neuer Berufsstand) ihr Vermögen verloren – der Volkswirtschaft aber hatte das nichts anhaben können.

Österreich war nach Rußland das größte Reich Europas. Der Markt war riesig, und österreichische Waren durch ihre Qualität berühmt. Vor dem Ersten Weltkrieg machte man in Wien Karriere, nicht in

Amerika. Das Goldene Wien strahlte wie eine Sonne und zog die berühmtesten Maler, Dichter, Schriftsteller, Musiker, Ärzte, Wissenschaftler an die Donau. Und wieder wurde getanzt und musiziert, gesungen, gespielt, und Eduard, Joseph, insbesondere aber Johann Strauß eroberten mit ihrem Talent die Welt.

Wien war immer noch die Stadt der Musik und kein Franzose, Engländer, Italiener, Spanier, Amerikaner dünkte sich gebildet, solange er nicht in Wien die Oper besucht hatte. Singen, Tanzen, ein oder zwei Instrumente spielen gehörte in Wien zur Erziehung aller, nicht nur der obersten Stände. Seit Maria Theresia gab es allgemeine Schulpflicht, und zeigte ein Kind Talent, wurde es gefördert, bekam Stipendien und Freiplätze und machte seinen Weg in der Welt.

Philipp Fahrbach, kaiserlicher Kapellmeister und Komponist vieler Walzer und Polkas war der Sohn eines Schustergesellen. Im Alter von vier Jahren begann er Schreiben, Lesen, Rechnen, Italienisch und Neugriechisch zu lernen. Mit fünf erhielt er Unterricht in Flöte und Klarinette. Mit sechs spielte er vom Blatt, schrieb seine ersten Kompositionen und lernte nebenbei noch Kurrent-, Latein- und Frakturschrift. Als halbes Kind wurde er von Johann Strauß Vater als Klarinettist engagiert und lernte das Orchesterleben kennen. Mit sechzehn war er ein gemachter Mann.

In keiner Stadt der Welt wurde auf Musik soviel Wert gelegt, wie in Wien. Niemand konnte früher Lehrer werden, der nicht musikalisch war, rein singen und mehrere Instrumente spielen konnte. Noch zu meiner Schulzeit war die schwierigste Prüfung um in eine Lehrerbildungsanstalt aufgenommen zu werden, die ganztätige Musikprüfung. In Österreich war man der Meinung, daß nur ein musischer Mensch Kinder richtig erziehen könne, daß ein Leben ohne Musik kein Leben sei. Sogar Bedienstete stellte man früher ein, je nach Musikalität. Ein Diener, der nicht geigte, war kaum gefragt. Das Personal mußte nämlich bei Hausbällen das Orchester sein. Daher wurde in Wien in fast allen Familien geflötet, gegeigt und Klavier gespielt, was die Bewunderung der Welt, und die Kritik mancher Nachbarn nach sich zog.

So beschwerte sich Heinrich Levitschnigg in seinem Buch: »Wien, wie es war und ist« aus dem Jahre 1860 bitterlich über die Tatsache, daß die Leute in Wien soviel üben. Ununterbrochen werde irgendwo geübt, kein Haus, in dem nicht gesungen werde – »Tod den Schlafräubern und Ohrenmördern! Selig die Taubstummen!« Ginge es nach ihm, meinte Levitschnigg, würde er Gesetze erlassen, die die Hausherren verpflichteten, »falls in ihren Gebäuden musikalische Stümper wüten, am Thor eine Warnungstafel des Inhaltes aufzuhängen: Hier grassieren die Klavierblattern! Oder: Hier wird man ins Irrenhaus gegeigt!«

Doch den Wienern – wie den übrigen Österreichern – ist die Musik nicht auszutreiben. Das musikalische Gehör, das de la Garde beim Wiener Kongreß so beeindruckte, ist immer noch präsent. Auch heutzutage ist in keiner europäischen Stadt so viel gute Musik zu hören, wie in Wien. In jeder Kirche werden schöne Messen aufgeführt, mit Chor und Orchester. Wer's nicht glaubt, gehe sonntags in die Augustinerkirche. Das Hochamt um elf ist ein großes Erlebnis. In ganz Paris, nicht einmal in der Notre Dame erlebte ich je einen derartigen Kunstgenuß. In Wien gibt es jeden Abend Konzerte, und ist auch die Oper nicht mehr was sie war, so erlebt man ab und zu doch Sternstunden, von denen man noch Jahre später zehrt. Außerdem kann alles wieder besser werden.

*

Mein Wien ist untrennbar mit Musik verbunden. Ebenso untrennbar aber auch mit dem Dorotheum. Für mich ist es das schönste Auktionshaus der Welt und eine Schatzgrube, in der man immer noch für erstaunlich wenig Geld Bilder, Möbel, Lampen, Teppiche und Schmuck ersteigern kann.

In Paris beging man den Fehler, das alte Auktionshaus, das Hotel Drouot niederzureißen. Es war zwar nicht halb so elegant, wie das Dorotheum, aber bedeutend schöner als der seelenlose Neubau, der heute dort steht. Innen Neonlicht, niedrige Gänge, die bereits grau und verlottert wirken. Kein Vergleich mit Wien, denn hier herrscht noch kaiserliche Pracht. Wenn ich in Wien bin, um zu schreiben und mehrere Tage, ohne das Haus zu verlassen, gearbeitet habe, kommen unweigerlich Momente großer Erschöpfung. Der Kopf ist leer. Man sieht alles schwarz. Nichts fällt einem ein. Man wird immer müder. Nie, denkt man, wird man das Buch fertigbringen. Was ich dann tue? Ich fahre zur Erholung ins Dorotheum. Ich leiste mir ein Taxi, fahre in den ersten Bezirk, durch die Hofbug, denn dieser Weg ist am schönsten, und kaum betrete ich das Haus, wird mir leichter. Schon die Eingangshalle bringt mich ins Leben zurück: die Lichter, die Bilder, der schöne Schmuck in Glasvitrinen, es ist auch im Winter immer gut geheizt, wie gesagt, ein Schritt durch die Tür und ich bin geheilt. Dann schwebt man die breiten Marmortreppen hoch, genießt die Proportion, den Stuck, man hat mit Stufen nicht gespart, steigt leichter, als man neue Treppen steigt, alles ist durchdacht, erzeugt sinnliches Glück.

Dem Dorotheum verdanke ich ein großes Geschenk, den Verlobungsring meiner Großmutter, der nach dem Krieg in Ungarn verlorengegangen war. Wie der Ring nach Wien kam, ist heute noch ein Rätsel. Doch ich erzähle am besten von Anfang an.

Im November vorigen Jahres war im Dorotheum große Schmuckauktion. Ich befand mich im Haus, denn ich suchte einen Küchentisch. Hatte auch gleich einen gesehen, der mir gefiel, die Nummer notiert, und wollte heim. Plötzlich aber beschloß ich, nur zum Vergnügen, den Schmuck anzusehen, der in einer Woche versteigert werden würde. Die Sachen waren herrlich. Broschen, Ohrringe, Colliers aus den letzten 200 Jahren. Brillanten, Rubine, Smaragde, Armbänder aus Perlen und Korallen, Miniaturen, ein glitzerndes Meer unter Scheinwerfern und Glas, und plötzlich versagte mir der Atem. In einer kleinen Vitrine lag ein Ring, ein heller, strahlender Saphir mit abgerundeten Ecken, alter Schliff, umgeben von Brillanten, ebenfalls alt geschliffen, in Weißgold gefaßt. Ich starrte auf den Ring. »So etwas Schönes«, dachte ich, »habe ich noch nie gesehen.« Außerdem kam mir der Ring bekannt vor. Doch woher? Ich sah kurz auf den Ausrufpreis. Gar nicht teuer. Doch zu teuer für etwas, das man vor Weihnachten nicht eingeplant hat.

Ich fuhr heim. Und in der Nacht träumte ich von dem Ring und von Großmama. Als ich erwachte, wußte ich, wo ich den Ring schon gesehen hatte. Auf alten Familienphotos. An ihrer Hand. Sofort nach dem Frühstück kramte ich die alten Bilder hervor. Ein Stich in die Herzgrube – es war derselbe Ring. Dieselbe weiche, abgerundete Fassung, dieselbe altmodische Anordnung der Steine, wie man sie heute nirgends mehr sieht. Dieselbe Größe. Konnte das sein?

Großmama hatte den Ring zur Verlobung bekommen. Damals war Ungarn noch bei Österreich. Später wurde ihre Heimat rumänisch und es gibt einen Brief, in dem sie meine Mutter bittet, doch irgendwie zu ihr zu kommen, um den wertvollen Schmuck, den sie besaß, nach Wien zu bringen, damit er für die Familie gerettet würde. Sie war die Tochter eines berühmten Arztes, Chef eines Krankenhauses. Sie besaß viele Erbstücke, an denen sie sehr hing.

Meiner Mutter gelang es nie, sie zu besuchen. Die Grenzen wurden immer dichter, die Zeiten immer schlechter und meine Großmutter mußte ihren Schmuck verkaufen, Stück für Stück, um nicht zu verhungern. Ich war froh, daß sie den Schmuck behalten hatte, wenigstens besaß sie etwas, das ihr zu überleben half. Doch um den Verlobungsring war mir leid. Den hätte ich zu gerne gehabt. Ich bin eine unverbesserliche Romantikerin. Als ihre einzige Enkelin wäre er mir auch zugefallen! Und nun sah ich den Ring im Dorotheum! Doch war es wirklich derselbe Ring? Am Nachmittag zog es mich mit aller Gewalt in den ersten Bezirk. Und kaum stand ich vor der kleinen Vitrine, wurde ich ganz ruhig. Ich fragte einen Schätzmeister, wie alt der Ring sei. Er betrachtete die Punze mit einer Lupe. »Vor dem Ersten Weltkrieg. Österreich-Ungarn.« »Darf ich ihn probieren?« »Aber gerne!« Er paßte genau auf meinen Finger, ja, er sah aus, als wäre er für meine Hand gemacht. »Glauben Sie, daß er sehr hoch geht?« Ich gab den Ring zurück, obwohl ich ihn fürs Leben gern behalten hätte. »Kann schon sein. Jetzt vor Weihnachten geht alles doppelt so hoch. Warten Sie bis nach Neujahr, dann wirds billiger.«Dann sperrte er die Vitrine ab und ging davon.

Ich war immer noch nicht entschlossen, den Ring zu kaufen. Doch am Tag der Versteigerung war ich Punkt vier an Ort und Stelle. Der Auktionssaal war gestopft voll. Alle Sitze besetzt, Leute standen an der Wand, vor den Türen, im Gang, ja sogar vorne beim Sensal. Der Schmuck ging sehr hoch. Kleine Biedermeierbroschen stiegen auf das Zehnfache des Ausrufpreises, bei jedem neuen Stück schossen zehn, zwanzig Hände hoch. Die Ringe lagen preislich über den Broschen, daher boten schon weniger Leute. Dafür kamen jetzt die Händler zum Zug, die, wie man weiß, auf Auktionen ihre Geschäfte machen. Gegen einen Händler, das wußte ich, hatte ich keine Chance. Der erste Ring wurde um ein Dreifaches des Rufpreises verkauft. Der zweite Ring um das Doppelte.

Da begann ich ein Zwiegespräch mit »meinem« Ring. »Zu wem willst du«, sagte ich ihm, »zu einem Händler, der dich in ein Safe wirft, oder weiterverkauft an einen Juwelier, dem du nichts bedeutest? Oder zu mir, wo du geliebt wirst, und nach Paris mitfahren kannst, auf Empfänge und Buchmessen? Und ins Fernsehen kommst du sicher auch, da kannst du glitzern und strahlen und du kommst in die Familie, in die du gehörst.« Dann folgte ein Stoßgebet an die verstorbene Großmama und schon wurde der Ring gerufen. Mein Herz klopfte so laut, daß ich nichts mehr hörte. Endlich wagte ich aufzublicken. Ein einziger Mann hob die Hand, noch dazu in meiner Reihe. »Sonst kein Angebot?« dröhnte es durch den Saal, »also, dann zum ersten, zum zweiten ...«Da zeigte ich auf.

Um es kurz zu machen, der Mann in meiner Reihe war nicht sehr interessiert. Er hatte schon die beiden ersten Ringe gekauft, er bot nicht weiter, sondern lächelte mich freundlich an. Und ehe ich wußte, was geschah, wurde mir der Ring zugesprochen, um einen Bruchteil mehr als der Ruf. Ich war so glücklich, daß mich alle Kraft verließ. Am liebsten hätte ich geweint. Doch irgendwie gelang es mir aufzustehen, mich nach vorne durchzuzwängen, und den Ring zu bezahlen. Ich steckte ihn an und auf dem Heimweg lächelte ich ununterbrochen vor mich hin. »Was hast du«, sagte meine Mutter, die von dem ganzen nichts wußte, denn ich hatte niemandem auch nur ein Sterbenswörtchen gesagt. »Ist dir ein Geist erschienen?« Da erzählte ich ihr die ganze Geschichte.

Doch das ist noch nicht alles. Ich wollte wissen, wer den Ring ins Dorotheum gebracht hatte. Das war nicht leicht. Man hält absolute Diskretion, nie lernt man den Namen derer kennen, die ihren Schmuck verkaufen. Doch ich war nicht umsonst vier Jahre Journalistin gewesen. Ich erfuhr, daß es sich um eine alte Dame handelte, die aus Siebenbürgen stammte. Daher stammte auch meine Großmama. Somit schließt sich der Kreis – und ich beende diese typisch wienerische Geschichte. Ja, Wien war immer gut zu mir. Und obwohl sich viel geändert hat, obwohl man nicht mehr täglich tanzt, obwohl Kutschen, Reiter, Sänften und die unter- und überirdischen Feenpaläste verschwunden sind, ist Wien auch heute noch manchmal eine echte Märchenstadt!

Kapitel 2

WIEN PRIVAT: DIE BERÜHMTE OFFENE TAFEL

Daß man in Wien gut ißt, ist nicht neu. Viel wurde geschrieben über das Land der Phäaken, die Insel der Seligen. Wer aber weiß heute noch, daß Wien die gastfreundlichste Stadt Europas war? In Wien nämlich gab es die sogenannte »Offene Tafel«, das heißt, in jedem Haus, das nicht gerade ärmlich war, wurde täglich für sieben, acht Leute mehr gekocht. Es konnte doch Besuch kommen. Dafür wollte man gewappnet sein!

Besuch ist ein weiter Begriff. Freunde und Bekannte, ärmere Verwandte waren natürlich immer willkommen. Es wurden aber auch Studenten durchgefüttert, Freunde von Freunden oder Verwandte entfernter Bekannte, Reisende wurden an den warmen Herd geführt und in den Salon der Hausfrau. In Wien standen die Türen immer offen und die Tafel war für alle da. Der Schriftsteller Rautenstrauch, der Wien mit Freuden kritisierte, ließ sich zu folgendem Lob herab: »Zu Ehren der Wiener muß'ich hier bemerken, daß sie in hohem Maße gastfreundlich sind. Wer einmal in einem Hause eingeladen und wohl aufgenommen worden ist, hat das Recht ungeladen zu Tisch zu kommen. Um Proben von ihrer Freundschaft und Ergebenheit zu geben, nöthigen sie ihre Gäste, mehr zu trinken und zu essen, als sie beinahe vertragen können. Fremde, die wenige Mittel haben, können sich sehr gut in Wien fortbringen, sobald sie nur in acht oder zehn Häusern bekannt sind.«

Unter Maria Theresia waren die offenen Tafeln der Adels- und Bürgerhäuser in der ganzen Welt berühmt. Sie waren auch Abend für Abend wie Festlichkeiten ausgerichtet. Es war eine reiche Zeit und man wollte seine Schätze teilen. Man liebte Gesellschaft und freute sich über jedes neue Gesicht.

Im Biedermeier waren die Speisen weniger üppig, man war en famille, man aß, trank, sang, was zählte war das gemütliche Beisammensein. Die Wiener Hausfrauen fütterten sämtliche Künstler durch, alle Musiker, Maler, Dichter, Schauspieler, die in jungen Jahren wenig verdienten, die in Wien alleine wohnten und sich nach weiblicher Wärme sehnten. Bei Charlotte Greiner und ihrer Tochter Karoline Pichler verkehrten sämtliche Größen der Zeit, bevor und nachdem sie berühmt geworden waren. (Über die beiden Damen später mehr.)

So groß war der Ansturm auf ihre Gastfreundschaft, daß allabendlich bei ihrer Tafel großer Wirbel war, und Karoline nicht mehr von ihren Gästen, sondern nur noch von dem »liebenden Gedränge« sprach, das ihre Zimmer füllte. Schubert, Schlegel, Tieck, Brentano, Madame de Stael besuchten sie, jeder war willkommen, ohne Voranmeldung, die Wiener Hausfrau fand das ganz normal.

Die Wiener sind auch heute noch großzügig. Nirgends erhält man so leicht Kredit wie hier. Wer es nicht glaubt, der soll versuchen, in Frankreich Geld aufzunehmen. Da merkt er dann den Unterschied. Der Wiener ißt noch immer gern, wenn auch mit Maß und Ziel. Die Wiener speisen ununterbrochen, schrieb Graf Fekete im 18. Jahrhundert, »ihr wichtigstes Merkmal ist die Freude am Essen, die sie zu vier Mahlzeiten am Tag verleitet, wenn es der Geldbeutel gestattet.« Überall gebe es Gaststätten, Kaffeebuden, Limonadehütten, auch im Prater, im Augarten, bei Lustschlössern und Galerien. Denn der Wiener amüsiere sich nur dort so richtig, wo in unmittelbarer Reichweite Eßbares zu haben sei. »Das Belvedere«, so setzt Fekete fort, »einst der Wohnsitz eines Helden...birgt jetzt eine Gemäldegalerie, die an gewissen Tagen jedem Besucher ebenso offen steht, wie sein Garten stets zugänglich ist. Da es aber an diesem Vergnügungsorte nichts zu schmausen gibt, wird er nur dann besucht, wenn eine der ebenso unvermuteten wie seltenen Überschwemmungen dem Augarten den Eintritt verschließt.« Das ist heute noch ähnlich.

Ißt der moderne Wiener auch weniger als früher, so hat er doch gerne Lokale um sich. Ich gehe weiter und behaupte sogar: Der Wiener ist getrieben von einem inneren Drang, überall und allerorten Lokale zu eröffnen. Entdeckt er einen Ort, der sich nur halbwegs zum Gasthaus eignet, voila! In kürzester Zeit stehen dort gedeckte Tische. Kein Lagerhaus, keine Gartenhütte, kein verlassener Handwerksbetrieb ist vor ihm sicher. Der Wiener ist ein Besessener, wenn es darum geht Menschen zu füttern. Er ist schlicht und einfach Gastwirt von Natur.

Ein amüsantes Beispiel ist das Wiener Palmenhaus in Schönbrunn. Es besteht aus Stahl und Glas, wurde 1882 von Kaiser Franz Josef eröffnet, hielt sich gut, doch im Laufe der Zeit begann es zu rosten. Also wurde es renoviert, außen grün, innen weiß gestrichen, und ehe noch die Farbe trocken war, im Mai 1990, was tat man da? Stellte man die Palmen zurück an ihren Platz? Nicht in Wien. Man legte einen Boden und hielt Bälle ab. Anschließend riß man den Boden wieder heraus und begann die Gartenarbeit. Während man jedoch an einem

Ende des Palmenhauses Erde häufte und Sand schaufelte, kam ein Unternehmer und richtete am anderen Ende ein Kaffeehaus ein. Ein Walzerkaffee, mit weißen Tischen und Musik. Je näher die Gärtner kamen, desto lauter wurde musiziert. Jetzt stehen wieder Pflanzen dort, doch ein halbes Jahr war Walzerzeit. Der Wiener sieht nicht ein, warum etwas leerstehen soll, das sich zum Musizieren und Kaffeetrinken eignet. Das war schon immer so. Das ist Kultur.

Wie sehr Essen mit Wien verknüpft ist, sieht man aus einem kurzen Artikel, den Johann Pezzl Ende des 18. Jahrhunderts schrieb. Ein Tag im Alten Wien. Ich möchte ihn nicht vorenthalten.

*

*** *Ein Tag in Wien* ***
(von Johann Pezzl)

Es ist ein interessanter Anblick, wenn man betrachtet, wie eine Familie von mehr als zweimalhunderttausend Köpfen, so wie die Stadt Wien eine ist, ohne Verabredung, ohne Zwang, ohne selbst daran zu denken, eine Art von regelmäßiger Tagesordnung hält, wo jede Stunde ihre Beschäftigung hat und Tausende von Menschen zu gewissen Zwecken und Absichten vereinigt oder trennt, die sie, dem Ganzen unbeschadet, auch zu anderen Zeiten ausführen könnten, aber doch um die einmal angewohnte Stunde unternehmen und dadurch die Harmonie des Ganzen unterhalten.

So entsteht jene Abwechslung von Tätigkeit und Ruhe, von Lärm und Stille, welche den Tag über auf den Straßen und Plätzen der Stadt herrschen.

Ich nehme einen gewöhnlichen Wochentag aus der Mitte des Frühlings oder Herbstes zur Zergliederung an.

Zwischen sechs und halb sieben Uhr morgens trippeln die Dienstmädchen aus den Küchen der Herrschafts- und aus den Zimmern der Bürgerhäuser im nachlässigen Morgenanzug mit dem klappernden Paternoster in Händen in die Kirche. Ihre Liebhaber, die Kutscher, Reitknechte, Leibhusaren, Hausknechte, ermangeln nicht, sich ebenfalls dort einzufinden und auf diese Art der Religion und ihren Herzensbedürfnissen Genüge zu tun. Auf dem Weg nach Hause wird in einem der geringen Kaffeehäuser ein Frühstück genommen, womit gewöhnlich das Mädchen ihren schnurrbärtigen Getreuen regaliert.

Indessen wird es auf dem Hof, der Freiung, dem Wildbretmarkt, dem Fischmarkt, der Seilerstatt, dem Bauernmarkt ziemlich lebhaft. Die Kräuter-, Obst-, Milch-, Eier-, Geflügelweiber sind nun daselbst mit ihren Butten angekommen, formieren sich in lange Reihen und legen ihre Waren zum Kauf aus. Eben dies geschieht um diese nämliche Zeit in den Hauptgassen aller Vorstädte. Ein ganzer Strom von Köchinnen ergießt sich über diese Gegenden und führt eine ganze Schöpfung von Gemüse, Obst, Butter, Eiern, Hühnern, Enten, Kapaunen, Tauben, Fasanen, Hasen, Vögeln usw. usw. mit sich weg ... Gegen acht Uhr trippeln die Weiber und Töchter der geringeren Kanzleibeamten, Künstler, der Herrschaftsoffiziere, in eine abgetragene Dormeuse und Saloppe gehüllt, mit dem Fächer in der Hand auf eben diese Plätze und mäkeln mit einer lächerlichen Mischung von Stolz und Knauserei um die ihnen nötigen Lebensbedürfnisse ... Man hört eine spaßhafte Abwechslung von Höflichkeiten und Schimpfereien. Die Stimmen der meisten Marktweiber sind wie halb heiser und dabei doch äußerst scharf, sie fallen mit einer stechenden Heftigkeit auf das Trommelfell; ihre Zunge hat eine Volubilität, welche der geübteste Redner nie erlangt. Das größte Gewirre auf diesen Küchenmagazinen dauert bis gegen zehn Uhr, wo es dann abnimmt.

Bis um neun Uhr sieht man keine Kutschen von Distinktion auf den Straßen, nur die Fiaker bringen hie und da eine wohlhabende Bürgersfamilie oder einen Hausbeamten aus den Vorstädten herein. Dagegen sind die Straßen noch mit Holz-, Bier-, Fleisch-, Güterwagen und anderen ökonomischen Fuhrwerken übersät.

Um halb zehn Uhr marschiert eine Armee von ungefähr dritthalbtausend Mann aus: es ist die Armee der Dikasterianten (Beamten). Die Bataillons derselben sind das Bataillon der Sekretäre, Registranten, Adjunkten, Konzipisten, Protokollisten, Ingrossisten, Kanzlisten, Akzessisten usw.... Nach diesen folgen dreihundert Wagen mit Kanzlern, Vizekanzlern, Präsidenten, Vizepräsidenten, Referenten, Archivaren, Räten, Registratoren usw. beladen. Alles dieses trabt nach der Staatskanzlei, Reichskanzlei, Kriegskanzlei, Österreichisch-böhmischen Kanzlei, Ungarisch-siebenbürgischen Kanzlei, Niederländischen Kanzlei, auf das Rathaus, zur Obersten Justizstelle, Münze, Oberst-Rechenkammer, Religionskommission, Studienkommission, zur Regierung usw.

Gegen zehn Uhr wird es in den Hauptstraßen äußerst lebhaft. Man fährt zum Frühstück, zu Toilettevisiten. Die Kaffeehäuser füllen sich an.

Um halb zwölf Uhr bis zwölf Uhr geht und fährt die andächtig schöne Welt zur Kirche. Die höheren Töchter der Freude, deren Garderobezustand glänzend genug ist, um die Helle des Mittags und die Lorgnetten der Lüsternen zu ertragen, kommen um diese Stunde ebenfalls in die Kirche. Es sind der heilige Erzmärtyrer Stephan und der heilige Erzengel Michael, deren Patronanz sie am fleißigsten kultivieren, weil der Weg zu den Tempeln jener Heiligen über den Graben und Kohlmarkt führt, die schon seit langen Zeiten der verjährte Tummelplatz der öffentlichen Galanterie sind.

Indessen pflanzen sich die Stutzer, Pflastertreter und Müßiggänger klumpenweise auf den Graben und vor das Milanische Kaffeehaus. Sie erwarten, mit den Guckgläsern in der Hand, das Ite missa est der beiden benachbarten Kirchen und halten dann Musterung über das zurückkommende andächtige Geschlecht.

Um zwölf Uhr senden die Dikasterien ihre subalternen Arbeiter wieder zurück. Diese machen entweder einen kurzen Besuch bei ihren Liebchen oder sie gehen eine halbe Stunde spazieren. Beides geschieht, um sich vor der Mittagstafel eine kleine Bewegung zu geben und den Appetit zu schärfen.

Zwischen zwölf und ein Uhr sieht man viele Wagen mit vier- bis sechsspännigen Postwagen gegen die Leopoldstadt hinrasseln. Es sind die Damen vom hohen Adel, die mit ihren Freundinnen oder Kindern eine Spazierfahrt in den Prater machen, um die Frühlingsluft zu genießen und das ewige Sitzen des Tages durch diese Bewegung zu unterbrechen.

Die schöne Welt vom Mittelstande nimmt um diese Zeit ihren Zug nach der Bastei, welche von halb zwölf bis nach ein Uhr – bei schönem und gelindem Wetter – sehr glänzend ist und die Wachsamkeit mancher Mütter überlistet.

Der gemeine Mann speist um zwölf Uhr, der mittlere Bürger und der Beamte, welcher um drei Uhr wieder in der Kanzlei sein muß, um ein Uhr; die Leute vom Stande um zwei Uhr und einige vom höchsten Adel noch später.

Nach ein Uhr werden die Reihen der Fußgänger auf den Straßen ganz dünn; es rennen aber noch viele Wagen hin und her, welche die Räte aus den Kanzleien abholen und zur Tafel nach Hause führen.

Nach zwei Uhr ist es ganz still und einsam auf den Straßen. Jedermann sitzt bei Tisch, schlürft nach schon vollendetem Essen eine Schale schwarzen Kaffee oder lehnt sich zur Beförderung der Verdauung auf das Kanapee.

Um drei Uhr eilen die Dikasterianten wieder zu ihren Tintenfässern. Gegen halb fünf Uhr erneuert sich die Lebhaftigkeit wieder. Menschen, Pferde und Wagen füllen die Straßen an. Die Hälfte eilt zu ihren Arbeiten und Berufsgeschäften, die andere Hälfte zu ihren Vergnügungen. Dies ist die Zeit der Abendpromenaden. Man geht, reitet, fährt auf die Bastei, nach dem Belvedere, in den Augarten, in den Prater, zum Lusthaus, nach Schönbrunn, Hernals, Währing usw. Es sind die Enschäftigten; die Damen mit ihren Hausfreunden: der Mann kommt etwas später nach. Die Liebhaber und Liebhaberinnen der Spektakel können nach dieser Promenade auch noch das Theater genießen.

Nach sechs Uhr wächst der Lärm in den Hauptstraßen der Stadt am heftigsten. Die Kanzleien schließen sich; die Arbeiter aus den Vorstädten legen ihre Werkzeuge nieder; die Öffnung der Spektakel ist nahe; die Stunde der Abendgesellschaften rückt heran; der größte Teil von Handarbeiten hört um diese Stunde auf; viele Warenständchen und Buden werden geschlossen.

Das Heer der Kanzleimänner ergießt sich wieder über die Gassen; die Vorstädter drängeln sich hastig gegen die Tore ihrer Weltgegenden; die große Welt fliegt im Galopp, daß die Funken aus den Steinen springen, nach den Komödienhäusern und in die Gesellschaftssäle; der Bürgersmann trägt seine Personalmaschine in das Bierhaus oder zu seinem Nachbar; jene unzählbaren Weiber, die in allen Gassen alle Arten von Lebensbedürfnissen zum Verkauf aushängen und herumtragen, takeln ihre Tagesständchen ab und helfen mit ihren Butten auf dem Rücken das Gewühl zu vermehren und die Passagen verstopfen. Wird ein neues Schauspiel oder eine neue Oper gegeben, so macht das Getöse der Wagenräder, das Stampfen der Pferde, das Bellen der Kutscher über den Graben und Kohlmarkt hin ein ganz höllisches Konzert. Man kommt nicht ohne Lebensgefahr über den Michaelerplatz, weil sich dort die Wagen von vier Seiten her kreuzen...Auch die Menge der Fußgänger ist in dieser Gegend so groß, daß man keine sehr delikate Lenden und Nasen haben muß, wenn man sich um diese Stunde hierher wagt.

Dieses Gewühl dauert bis gegen sieben Uhr, darauf folgt eine allgemeine Stille. Nur einige Spaziergänger schlendern wie verloren in den größeren Gassen umher.

Sobald die Dämmerung einfällt, erscheinen die gutwilligen Mädchen von der ärmeren Sorte, die sich nicht anziehend genug putzen können, um in der Mittagsstunde zu erscheinen. Der gewöhnliche

Strich dieser Zugvögel geht meist über den Graben, Kohlmarkt und Hof, ihre Erscheinung dauert spätestens bis nach zehn Uhr. Diese elenden Geschöpfe, welche von manchem theoretisch strengen Moralisten so schlimm behandelt werden, verdienen im Grunde ebensoviel Mitleid als Verachtung, denn ihre Lebensart ist, bei allem Anschein von Munterkeit, gewiß eine der armseligsten....Im Vergleich mit den öffentlichen Mädchen anderer Städte sind die wienerischen auch noch nicht so frech und ausgelassen, sie zerren euch nicht beim Arm, laufen euch nicht durch den Kot nach wie die Mädchen zu Paris. Alles, was sie tun, um euch zu erhaschen, das ist ein feuriger einladender Blick im Vorbeigehen.

Nach neun Uhr erneuert sich das Getöse. Die Spektakel sind zu Ende, die Gesellschaften gehen auseinander. Dieser Auftritt dauert aber nicht lange, die Wagen eilen nach Hause und die Fußgänger zerstreuen sich bald.

Um zehn Uhr werden alle Privathäuser geschlossen. Man sagt, dies sei ein Polizeigesetz. Für eine so große Stadt, deren Häuser so weitläufig und so sehr mit Menschen angestopft sind, hat diese Maßnahme ohne Zweifel eine sehr gute Seite. Ohne dieselbe würde sich eine Menge von liederlichem Gesindel, Hausdieben, Beutelschneidern, Stänkern usw. in die geräumigen Höfe und Gänge der größeren Gebäude verkriechen und es der Polizei unendlich schwerer machen, die in der Tat erstaunenswürdige Ruhe und Sicherheit zu erhalten, wie sie es wirklich tut. Von der anderen Seite aber hat es die Unbequemlichkeit, daß jeder Hausbewohner mit dem Schlag zehn Uhr vor seiner Tür sein oder dem gewöhnlich nicht höflichen Hausmeister die Öffnung des Hauses mit einem Groschen bezahlen muß.

Von halb elf Uhr an patrouilliert die Kavallerie in der Stadt und den Vorstädten. Wenn man das Gewimmel und die Menge Menschen, welche sich des Tages über auf den Straßen herumtreibt, gesehen hat, so begreift man kaum, wie es zugeht, daß nach elf Uhr die Straßen der ganzen Stadt so äußerst still und menschenleer sind. Ihr könnt um elf Uhr den Durchmesser der ganzen Stadt machen und es begegnen euch kaum fünfzig Personen, die noch aus einigen Wirtshäusern und Kaffeehäusern herausschleichen ... Meines Bedenkens entsteht dies vorzüglich aus zwei Gründen: die große Menge der Vorstädter, welche sich des Tags über in der Stadt beschäftigt, hat sich zu Anfang der Nacht in ihre Quartiere außer der Stadt zurückgezogen und die Sperrung aller Häuser um zehn Uhr treibt viele Leute vor jener Sperrstunde nach Hause, um das Kapital des Torgroschens zu sparen.

Zwischen zwölf und halb ein Uhr fahren noch einige Wagen aus den großen Palästen vom Souper nach Hause. Der geringe Bürger, welcher schon schläft, wird durch das Rollen dieser Karossen aus seinem Schlaf geweckt und seine züchtige Ehehälfte ist darüber nicht böse. Mancher junge Wiener hat seine Existenz dem nächtlichen Donnergerassel der Kutschen zu verdanken.

Um zwei Uhr nachts erlöschen die Laternen in der Stadt ... Und vier Stunden nachher fängt der nämliche Zirkel von Lärm und Stille, von Gewimmel und Ruhe, von Arbeit und Vergnügungen wieder an und wird dauern, solange Wien die Hauptstadt eines so großen, reichen und mächtigen Staates, solange sie der Sitz eines so großen Fürsten, eines so zahlreichen Adels und der Wohnpunkt einer solchen Volksmenge ist.

Im hohen Sommer und hohen Winter herrschte einige Abänderung. Der Sommer leert die Paläste aus, ihre Bewohner ziehen nach Böhmen, Mähren, Ungarn und auf das platte Land von Österreich. Der Winter sammelt die Zerstreuten wieder, stiftet Bekanntschaften, Liebschaften, Ehen und Freundschaften; er ist die Seele der Städte und gibt ihnen neues Leben...

*

Seit Pezzl hat sich das Wiener Nachtleben gründlich geändert – wenn auch erst vor kurzer Zeit. Wien war nie so nachtschwärmerisch wie Paris und es störte mich früher, daß um Mitternacht keine Seele mehr auf der Straße war. Es war jedoch, als hätte Wien geahnt, daß der Eiserne Vorhang zerbrechen würde, daß die feindlichen Panzer, Truppen, Raketen, die eine knappe halbe Stunde von Wien entfernt an unserer Grenze standen, verschwinden würden. Denn plötzlich, vor zwei, drei Jahren tauchten praktisch über Nacht an allen Ecken und Enden neue Lokale auf. Kaffeehäuser entstanden, Beiseln und Bars, Espressos, Diskotheken, Wein- und Kellerstuben und eine Unzahl von kleinen Restaurants. In der Innenstadt sind die Lokale praktisch Tür an Tür. Begibt man sich in die Sonnenfelsgasse, Bäckerstraße, oder auf den Ruprechtsplatz, kommt man aus dem Staunen kaum heraus. Die herrlichen alten Häuser sind renoviert, die Lokale voll von Menschen, es ist fast wie in Paris. Bermuda-Dreieck nennt der Volksmund diesen Teil der Innenstadt. Denn man kommt an, taucht unter und nie wieder auf. So groß ist die Verlockung, von einem Lokal ins andere zu wandern, alte Freunde und neue Leute zu sehn und die ganze Nacht nicht heimzugehn!

Ein unglaublicher Aufschwung hat begonnen, die berühmte Wiener Lebensfreude ist neu erwacht, jetzt beginnt eine neue große Zeit, wie sie Wien schon oft erlebte: zu Ende des Dreißigjährigen Krieges und zu Ende der Türkengefahr, zu Ende der Napoleonfeldzüge und als nach der mißglückten Revolution von 1848 das Goldene Zeitalter begann. Jetzt ist der Kalte Krieg beendet. Europa liegt vor uns. Noch nicht ganz vereint, aber fast. Wien liegt nicht mehr am Ende der freien Welt, sondern bald wieder mitten drin, so wie es jahrhundertelang gewesen ist. In Wien kann man sich wieder niederlassen, ja, die besten Köpfe werden bald nicht mehr ins Ausland gehn.

Es gibt gewisse Orte auf der Welt, wo die Erdstrahlen stärker sind. Dort will man sein. Paris gehört dazu. Und Wien. Was immer diesen Städten auch geschieht: Nichts bringt sie um. Deshalb ist auch das Leben noch schön in Wien, und in Kürze wird es noch viel schöner sein.

In Wien gibt es auch noch freundliche Nachbarn. In anderen Großstädten kennt man einander kaum. Man wohnt Tür an Tür und sagt nicht »Guten Tag«! In Wien kann man sich auf den Nachbarn noch verlassen. Komme ich heim und meine Mutter ist verreist, hat meine Nachbarin die Blumen gegossen und Post auf den Tisch gelegt. Ja, Traude Wirth ist ein Schatz. Als Malersgattin und Künstlerfrau weiß sie instinktiv, wieviel Wasser die Palme braucht, die ständig neue Blätter kriegt, sie fühlt wie oft der Wilde Wein gegossen werden will, der sich über meine Türstöcke rankt. Komme ich zurück, blühen Kakteen und Azaleen, als ob ich nie weggewesen wäre. Das macht das Nachhausekommen besonders schön. Und da ich in vielen Städten lebte, wo niemand bereit war, auch nur die Reklame von der Tür zu entfernen, schätze ich es umso mehr.

Was soll man über Wien noch sagen? Über die Küche, die Musik sind viele Bücher geschrieben worden. Ich wende mich daher an die Liebe, versuche, am Beispiel faszinierender Wiener Liebesgeschichten diese großartige Stadt und ihre amüsanten Bewohner, Wienern sowie Nichtwienern begreiflich zu machen.

Kapitel 3

DIE LIEBE, DIE LIEBE! TRAURIG, ABER SCHÖN

Wie in allen Weltstädten gibt es in Wien auch traurige Liebesgeschichten. Die erste große Liebe meiner Mutter gehört hierher. Sie hat mir einmal, vor vielen Jahren davon erzählt, dann nie wieder. Doch die Geschichte ließ mich nicht los, sie hat so viel Zeitgemäßes, daß ich sie bat, sie niederzuschreiben. Zuerst wollte sie nicht. »Ich habe sehr darunter gelitten«, meinte sie, »ich habe Jahre gebraucht, um alles zu überwinden. Es ist ein abgeschlossenes Kapitel, ich will mich nicht wieder da hineinversenken.« Dann aber, nach langem Bitten gab sie nach. Setzte sich 89 Jahre jung zur Maschine und in einer Woche hatte ich das Resultat. Hier ist es, es paßt zu meinem Wien, denn – wie sagte meine Tante Clara? »Auch unglückliche Liebe ist schön! *Keine* Liebe – das ist tragisch!«

*

*** *Die erste Liebe* ***
(von Louise Kubelka)

Ein heißer Julitag im Sommer 1921. Ich gehe durch die engen Gassen der Wiener Innenstadt, vom Fleischmarkt durch die Sonnenfelsgasse, vorbei an der Alten Universität, dann durch einen Torbogen, dann nach links, bis ich vor einem großen Barockhaus stehe. Ich nehme mir keine Zeit, die schönen Fassaden der alten Häuser zu bewundern, einen kurzen Besuch in der alten Universitätskirche zu machen, wie ich es sonst immer gerne tue, wenn ich in den ersten Bezirk gehe, um Bekannte zu besuchen. Heute will ich die Innenstadt möglichst bald wieder verlassen.

So stand ich also vor dem großen Haus, einem Amtshaus. Der Portier, dem ich sagte: »Ich werde vom Herrn Direktor erwartet«, meinte nur kurz: »Zweiter Stock, Tür 23.« Ich trat ein, und je weiter ich die Stufen hinaufging, desto langsamer wurde ich, ja, ich überlegte, ob ich nicht wieder umkehren sollte. Klopfte aber dann doch an die besagte Tür und trat nach einem tiefen »Herein!« über die Schwelle. Ich befand mich in einem riesengroßen Raum, mit mächtiger Sitzgarnitur aus Leder, Bücherregalen, einem schönen alten Kachelofen. In der Mitte thronte ein gewaltiger Diplomatenschreibtisch. Davor stand ein eleganter, alter Herr, ebenfalls riesengroß, der mich ernst begrüßte.

Es war eine merkwürdige Situation. Wir kannten uns schon seit einigen Jahren recht gut, doch nun standen wir einander gegenüber, als wären wir uns vollkommen fremd. Ich glaube, er hat mir nicht einmal die Hand gegeben. Dabei hatten wir den gleichen Schicksalsschlag zu tragen. Er trauerte um den einzigen Sohn, seine Hoffnung für die Zukunft. Ich trauerte auch um ihn, der meine erste große Liebe war. Auch für mich war eine Welt zusammengebrochen. Heinz P. war vor einigen Wochen nach einer schweren Operation gestorben. Die Nachricht von seinem Tod erhielt ich am Abend meines 20. Geburtstages.

Ich hatte sofort an den »Herrn Präsidenten« geschrieben und Bescheid zu einem Treffen erhalten. Nicht in die Wohnung hatte man mich geladen, nein, ganz geschäftlich in die Kanzlei des Herrn Papa.

Von Heinz P., der zwei Jahre der Inhalt meines Lebens war, besaß ich nichts. Nur zwei Photos aus dem großen Krieg, dem Ersten Weltkrieg, den er heil überstanden hatte und von dem er als Leutnant heimgekehrt war. Angeblich gesund. Aber dennoch mit dem Todeskeim in sich. Er hatte sich nämlich an der Front eine schwere Darminfektion zugezogen, die damals, wie allgemein üblich, mit Opium behandelt worden war. Man war sich der Gefahr nicht bewußt, der Regimentsarzt war im Verschreiben nicht kleinlich und Heinz wurde süchtig, ohne daß irgendjemand etwas ahnte. Als er, angeblich geheilt, aus dem Militärspital entlassen wurde, war es ihm ein leichtes, sich das Medikament, an das er sich gewöhnt hatte, zu beschaffen. Bald aber war es ihm zu schwach, er stieg auf Morphium um, nun wurde seine Familie aufmerksam und der Kampf um sein Leben begann. Es kam, wie es kommen mußte: Entziehungskuren im Wiener Wagner Jauregg Spital, geheilt entlassen, Rückfall, weitere Entziehungskuren, alles unter dem Siegel strengster Verschwiegenheit, denn die Familie war vornehm, Heinz war der letzte, der den ehrwürdigen alten Namen trug, unter allen Umständen mußte der gute Ruf gewahrt bleiben. Dies war Heinrichs Gesundheitszustand vor unserer Bekanntschaft gewesen. Ich hatte von alldem nicht die geringste Ahnung!

Ich hatte Heinrich im Sommer 1919 kennengelernt, als er seine Eltern besuchte, die sich, genau wie wir, in einem malerischen kleinen Ort außerhalb Wiens auf Sommerfrische befanden. Da meine Familie mit seiner bekannt war, ergab es sich von selbst, daß er uns vorgestellt wurde. Das war der Beginn meiner ersten großen Liebe.Es gehörte nicht viel dazu, ihm zu verfallen. Ein junger Mann aus bester Familie, sehr gebildet, fröhlich, musikalisch und riesengroß. Ein Mann, zu dem ich und auch die meisten anderen Leute »aufschauen« mußte. Er maß 1,93 Meter und stammte scheinbar aus einer Riesenfamilie, denn sein Vater war 1,91 Meter, seine Mutter 1,88 Meter, auch seine Tante, die manchmal zu Besuch kam, war überdurchschnittlich hoch gewachsen, was damals, vor mehr als 70 Jahren überaus selten war. Die Menschen zu Beginn des Jahrhunderts waren kleiner, unwillkürlich fühlte man sich auch bei dieser Familie klein und schüchtern. Den Vater amüsierte das und wenn ihn seine Frau zu bekriteln wagte, meinte er nur: »Bertha, sei ganz still! Was hättest du gemacht, wenn du mich nicht gekriegt hättest? Welcher Mann hätte sich schon getraut, eine Riesin zu heiraten?« Worauf sie verstummte. Doch die beiden führten eine sehr gute Ehe und liebten ihren einzigen Sohn über alles.

Und da kam ich, 18 Jahre alt, in puncto Liebe völlig unerfahren und verfiel dem um sechs Jahre älteren Heinz vom einen Tag zum anderen. Nicht, daß ich keine Verehrer gehabt hätte, doch damals war es nicht so leicht wie heute, junge Männer kennenzulernen. Vor allem nicht näher. Ich war zu Hause sehr behütet von Mutter und Tante, im Schulort war ich im Internat. Außer in der »Schwimmschule«, wie die öffentlichen Bäder damals hießen und im Winter auf der Rodelbahn und am Eislaufplatz hatte man wirklich wenig Gelegenheit zu einer ernsteren Bindung zu kommen.

Dazu nur ein Beispiel. In der 5. Klasse der Mittelschule wurde das Problem »Tanzstunde« spruchreif. Unsere Schule hatte einen eigenen Tanzkurs, doch man höre und staune – er fand in völliger Abwesenheit von jungen Männern statt! Es durften nur Mädchen tanzen, von denen jeweils eines den Herrn darstellen mußte, und dazu begleitete uns eine Garde-Dame, die uns während wir tanzten nicht aus den Augen ließ. Sie saß mit anderen Garde-Damen an einem runden Tischchen auf einer erhöhten Estrade und unterhielt sich, so gut sie konnte, um uns anschließend wieder zurück ins Internat zu bringen. Nur zum Nikolokränzchen und zum Kursabschlußball wurden junge Herren eingeladen. Und da kam nun die Katastrophe: Wir hatten zwar den besten Tanzlehrer der Stadt, doch die Hälfte von uns konnte nicht ordentlich tanzen. Wir hatten ja die nicht vorhandenen Herrn ersetzen müssen und waren nun gewöhnt »zu führen«! Ich gehörte auch zu diesen armen Opfern und da stand nun plötzlich ein junger Mann vor mir, den ich noch nie gesehen hatte, verbeugte sich tief und wollte den Arm um mich legen. Das aber wollte ich auch, denn ich war gewohnt, der Herr zu sein. Das gab schon den ersten Zusammenstoß, ja, und dann kamen uns natürlich die Füße durcheinander, ein furchtbares Chaos entstand und das Ergebnis war, daß wir stolperten und plötzlich am Boden saßen. Es war mir unendlich peinlich. Der junge Mann hat mich nie mehr aufgefordert. Und seit damals hat mir auch das Tanzen keine besondere Freude mehr gemacht.

Und da war nun Heinz in mein Leben getreten. Er war immer lieb zu mir, imponierte mir ungeheuer durch sein tadelloses Benehmen und durch sein Wissen. Es wurde ein wunderbarer Sommer, ich sollte zwar den Lehrstoff des letzten Jahres wiederholen, denn es waren die letzten Ferien vor der Matura. Ich hatte es mir fest vorgenommen, doch wie schnell waren diese Vorsätze vergessen, wenn Heinrich kam, mich zu einem Spaziergang abzuholen, oder um mit mir ins Bad zu gehen. Dort waren zwar auch immer viele Leute, deshalb bekam ich auch die Erlaubnis zu gehen, man fand aber Mittel und Wege um manchmal kurze Zeit allein zu sein. Welchen Verliebten wäre das noch nie gelungen? Wir küßten uns zum ersten Mal. Ich schwebte ständig im siebenten Himmel. Nur ein Wermuthstropfen war vorhanden. Nach den Ferien mußte ich zurück ins Internat, er aber mußte nach Wien, um sein Studium, das der Krieg unterbrochen hatte, wieder aufzunehmen. Erst in der nächsten Sommerfrische würden wir uns wiedersehen, also kam die erste Trennung auf mich zu. Heinz aber versüßte sie mir, indem er mit mir während des Schuljahres heimliche Treffen ausmachte, außerdem erhielt ich fast jeden Tag einen Brief, den ich natürlich prompt beantwortete. Und nach der Matura sollte es dafür um so schöner werden, denn es war vorgesehen, daß ich nach Wien gehen sollte zum weiteren Studium! Herrlich! Ich würde zwar wieder in einem Internat wohnen, denn meine Familie war inzwischen von Wien nach Oberösterreich übersiedelt, doch Wien hieß mehr Freiheit. Wien war meine Heimatstadt, ich hatte liebe Freunde dort, nichts stand meinem Glück im Wege.

Ich bestand die Matura mit Auszeichnung und konnte den Sommer kaum erwarten. Diesmal würde nach den Ferien kein Abschied erfolgen, sondern ein Wiedersehen im Herbst. Heinrichs Eltern waren bereits seit Mai auf Sommerfrische, wir trafen einander Ende Juni, ich war Maturantin, er Student, und die Freuden der letzten Ferien lagen vor uns. Heinz aber kam mir verändert vor. Ich beobachtete ihn oft heimlich, konnte aber nicht sagen, woher das kam. Er war lieb zu mir, wie immer, es tat auch meinen Gefühlen für ihn keinen Abbruch, ich war glücklich und dachte nicht weiter darüber nach. Noch etwas war anders. Sowohl seine Eltern als auch meine Familie hatten bemerkt, daß zwischen uns mehr zu sein schien, als harmlose Freundschaft. Deshalb wurde die Überwachung strenger. So erinnere ich mich an einen Sommerabend, als Heinz und ich beschlossen, noch einen Abendspaziergang zu machen, dem sich eine Bekannte aus Grazanschloß. Ich hatte zu Hause nichts gesagt, aus Angst, daß es mir verboten werden würde und als wir drei auf dem Rückweg waren, kam uns ganz aufgeregt meine Tante Moni entgegen, ganz erhitzt vom schnellen Gehen. Als sie uns zu dritt frisch fröhlich daherkommen sah, war sie sichtlich sprachlos. Wahrscheinlich hatte sie gedacht, sie werde uns in flagranti erwischen und müsse ein Strafgericht über uns ergehen lassen. Heinrich, der Weltmann meisterte die Situation großartig. Er widmete sich ihr ganz, erzählte ihr alles mögliche, so daß sie völlig vergaß, warum sie uns nachgeeilt war.

Endlich kam der September. Ich durfte nach Wien. Freudigst rückte ich in mein Internat ein, in den 9. Bezirk, in die Pramergasse. Wir waren vier Maturantinnen, zwei Innsbruckerinnen, eine Salzburgerin und ich. Man schrieb das Jahr 1920. Wir vier bewohnten ein Zimmer im 5. Stock, gleich unter dem mit Blech gedeckten Dach. Es war primitivst eingerichtet, auch die Waschgelegenheit und das Klo. Im Winter froren wir tüchtig, das Zimmer war nicht heizbar, und im Sommer verschmachteten wir in der Hitze, die das Blechdach ausstrahlte. Aber uns machte das nichts aus. Wir waren jung, und durch die Kriegsnöte, die wir vier Jahre lang mit blutendem Herzen mitgemacht hatten, absolut nicht verwöhnt. Selbst der Schlangenfraß der uns vorgesetzt wurde, tat unserer guten Laune keinen Abbruch. Hauptsache wir waren in Wien, Hauptsache wir durften studieren, was damals nur wenigen Mädchen möglich war, Hauptsache Heinz war in meiner Nähe. Konnte das Leben noch schöner sein?

Wir sahen einander, sooft es möglich war. Und oft waren meine Zimmerkolleginnen dabei. Wir machten Exkursionen in alle Bezirke, meist zu Fuß, denn wenn wir zwei Straßenbahnkarten sparten, konnten wir uns einen Platz im Stehparterre der Oper oder des Burgtheaters leisten. Die Schuhdoppler, die das viele Gehen nach sich zog, zahlten die Eltern, die Theaterkarte ging auf Kosten unseres, nicht allzu reichlich bemessenen Taschengeldes. Einmal war auf der Hohen Warte eine Opernfreilichtaufführung der Aida, da marschierten wir natürlich hin. Es gab Holzbänke zum Sitzen und unsere Begeisterung fand keine Grenzen. Der Marsch nach Hause um ein Uhr nachts, durch die menschenleeren Straßen war ein Genuß. Unsere jüngste Kollegin, die kleine Hansi Hauptmann, die Musik studierte, ging mitten auf der Straße und sang mit ihrer schönen Stimme alle großen Arien, ob Sopran oder Alt, ob Tenor oder Baß. Nicht einmal ein Polizist war zu sehen, der uns wegen nächtlicher Ruhestörung hätte belangen können. Und der lange Weg von der Hohen Warte in den 9. Bezirk machte uns nicht müde. Meinde beiden Innsbrucker Kolleginnen vermißten zwar die Berge, dafür aber zeigten wir ihnen den Wienerwald. Besonders gerne marschierten wir auch von Sievering aus auf den Dreimarkstein. Oder wir gingen an einem schönen Sonntagmorgen schon in aller Frühe nach Schönbrunn. Auch dort war es noch menschenleer und wir wanderten durch die Irrgärten zum Kaiserbründl, wo die alte Frau, die wir bereits kannten, gerade dabei war, ihre Gläser zu waschen und die Butterbrote zu streichen. Man bekam nämlich dort für wenig Geld ein Butterbrot und ein Glas herrlich frisches Brunnenwasser. Dann saßen wir auf einer der Bänke und betrachteten die alten steinernen Damen und Herren, die zwischen den Einschnitten der französisch gestutzten Alleebäume standen. Etwas angeschlagen vom Zahn der Zeit, aber immer noch vornehm und elegant.

Oder, wir fuhren nach Hütteldorf, wanderten durch die Auhofstraße zum Nicolai-Tor des Lainzer Tiergartens. Fürchteten uns ein wenig vor den Wildschweinen, kamen aber immer wohlbehalten bei der Hermesvilla an. Die hatte Kaiser Franz Josef seiner Frau, der Kaiserin Elisabeth geschenkt, in vergangenen, glücklicheren Zeiten. Auch die Badetage an der Alten Donau und im Gänsehäufel waren schön und das alles war Wien, die ehrwürdige, große ehemalige Kaiserstadt, in der ich jetzt meine erste große Liebe erlebte.

Manchmal trafen wir uns auch alleine. In einem Kaffeehaus oder auf Wanderungen. Im Heim waren Herrenbesuche verboten und Heinz wohnte noch bei seinen Eltern. Es gab damals keine Wohnungen, in denen sich junge Leute ungestört sehen konnten. Eine Nacht zusammen zu verbringen war unmöglich. Einmal hatte mich Heinz zu seinen Eltern mitgenommen, ganz offiziell. Sie kannten mich ja von der Sommerfrische. Doch welche Enttäuschung. Sie waren steif, höflich, es gab eine feudale Jause mit silbernem Kaffeeservice und den berühmten Wiener Kipferln. Eine zweite Einladung aber bekam ich nicht. Die Eltern hatten schon bemerkt, wie es um uns stand und zeigten mit ihrem Verhalten, daß sie mit einer engeren Bindung nicht einverstanden waren.

So wurde im Winter das Kaffee Bauernfeld im 9. Bezirk unser Rendezvousplatz. Heinz wartete meist draußen auf mich. Einmal aber, als es richtig kalt war und ich mich um eine halbe Stunde verspätet hatte, ging er allein hinein, um sich zu wärmen. Also mußte ich es auch tun, allein das Kaffeehaus betreten, und für mich war das eine große Überwindung. Ich war ja noch nie in meinem Leben allein in ein Kaffeehaus gegangen. So lief ich mehrmals mit klopfendem Herzen vor der Tür auf und ab, bis mir endlich die Kälte die Feigheit überwinden half. Schnell stieg ich die drei Stufen empor, schlüpfte durch den flauschigen, dicken Plüschvorhang und drinnen war ich. Heinz lachte mich tüchtig aus, als ich ihm meinen Seelenkampf schilderte. Er als Mann verstand das nicht.

So sehr ich mich immer über unsere Treffen freute, so sehr fiel mir auf, wie Heinrich sich veränderte. Er wirkte oft zerstreut, vergaß, was er gerade sagen wollte, wirkte unruhig, als ob ihn irgend etwas schwer bedrückte. Er war jedoch immer lieb zu mir, zärtlich, großzügig, nie gab es ein böses Wort. Für ihn und mich war klar, daß wir den Widerstand der Eltern überwinden und nach Beendigung unserer Studien heiraten würden. Er hatte große Ziele, erzählte mir, daß er nun Medizin inskribiert hätte, das wäre interessanter als das langweilige Studium der Rechte. Ich bewunderte ihn dafür gebührend. Manchmal zog er sein Opiumtinkturfläschchen aus der Tasche und goß ein paar Tropfen davon in sein Wasserglas. Es war eine vertraute Geste, ich hatte sie oft gesehen. Ich hatte keine Ahnung von der Gefahr in der wir beide schwebten. Ohne Schutzengel wäre auch ich verloren gewesen. Mein Leben hing an einem seidenen Faden. Nur wußte ich es nicht.

Nach den Weihnachtsferien, die ich zu Hause verbrachte, wartete in Wien ein Brief auf mich. Er war von Heinz. Er könne mich einige Tage nicht treffen, er sei sehr verkühlt und dürfe nicht ausgehen. Das beunruhigte mich sehr, um so mehr, als es sich diesen Winter einige Male wiederholte. Als der Frühling kam, schien es ihm besser zu gehen. Auch hatten wir einen neuen Rendezvous-Platz gefunden: Die wunderschön blühenden Anlagen im Stadtpark, längs des Ufers der Wien. Die Mauern ganz verwachsen mit wildem Wein, in den Nischen versteckte Bänke und manchmal drang die Musik vom Kursalon herüber bis zu uns. Ein prachtvoller Ort für Verliebte. Kaum zu glauben, daß dieses Plätzchen, diese Bank, mir fast zum Verhängnis geworden wäre.

Heinz wurde immer seltsamer, doch ich wagte nicht zu fragen, warum. Ich hatte auch nicht den geringsten Verdacht, daß er süchtig sein könnte. Dieses Problem gab es zwar damals schon, doch es war sehr rar und spielte sich nie in der Öffentlichkeit ab. In meinen Vorlesungen hatte ich auch viel Medizinisches gelernt, doch das Kapitel über Suchtgifte war nur kurz gestreift worden. Ich war also völlig ahnungslos, als Heinz mir eines Tages ein Rezept überreichte, mit der Bitte, es für ihn in einer gewissen Apotheke in der Josefstadt einzulösen. Ohne das geringste schlechte Gewissen machte ich mich auf den Weg und bekam es ohne weiteres ausgefolgt. Ich brachte es ihm, er freute sich, doch eine Woche später kam wieder ein Brief. Er sei krank, die alte Kriegssache, er habe furchtbare Schmerzen und sei im Wagner Jauregg-Spital. Ob ich ihn besuchen käme? Ich dürfe jedoch keinesfalls beim Portier seinen Namen angeben, ich müsse nach Herrn ... – hier folgte ein unbekannter Name – fragen. Alles würde sich weisen. Der Inhalt dieses Briefes kam mir äußerst merkwürdig vor. Ich war zutiefst beunruhigt, warum war er schon wieder krank? Verbarg er mir etwas? Zum erstenmal hatte ich Angst, fürchtete um meine Liebe. Am gleichen Tag noch fuhr ich ins Spital. Gab den fremden Namen an, wurde eingelassen. Stieg die Treppen empor – oben wartete Heinz auf mich. Er sah nicht sonderlich krank aus, was mich freute. Doch ich wußte nicht, daß er Besuchssperre hatte und sich wieder einmal einer Entziehungskur unterzog.

Bis zum Ende der Besuchszeit blieb ich bei ihm. Der Abschied fiel mir schwer. Ich stand schon an der Tür, als er mich wieder bat, ein Rezept in der Apotheke einzulösen. Das Medikament solle ich ihm beim nächsten Mal mitbringen. Ich sagte zu. Doch zu Hause betrachtete ich das Rezept genauer und sah, daß es von ihm selbst geschrieben war, mit verstellter Schrift, und der Rezeptkopf lautete: Dr. Heinrich P., praktischer Arzt. Das Medikament hatte einen Namen, der mir unbekannt war.

Nun endlich ging mir ein Licht auf. Heinz hatte das Rezept gefälscht. War das möglich? Der wohlerzogene Sohn aus bestem Haus? Und die Eltern? Wußten sie es? Waren sie deshalb so kühl zu mir? Und sein Studium? Hatte er deshalb Medizin begonnen, um sich selbst Rezepte schreiben zu können? Plötzlich konnte ich mir alles zusammenreimen, sein oftmaliges Verschwinden, der Aufenthalt im Wagner Jauregg-Spital. Und nicht zum wenigsten sein verändertes Wesen. Gleichzeitig aber fühlte ich tiefe Erleichterung. Nun wußte ich, woran er litt. Nun konnte ich das Übel bekämpfen. Ich war jung, stark, verliebt, ich würde über diese Krankheit siegen!

Ich hätte ihm das Medikament nicht bringen sollen. Ich tat es trotzdem, zum letzten Mal, wie ich ihm erklärte. Dann stellte ich ihn zur Rede. Er gab alles zu. Er sei aber nicht wirklich süchtig, er müsse nur die Schmerzen bezwingen. Wenn die Schmerzen verschwänden, würde er nie wieder etwas Verbotenes nehmen. Er würde mich auch nie wieder bitten, ein Rezept einzulösen. Er habe es aber dringend gebraucht, der Anfall sei so arg gewesen. Nun aber wäre alles gut. Ich sollte mich nicht beunruhigen. Alles sei in bester Ordnung.

Kurze Zeit später kam Heinz aus dem Spital. Geheilt entlassen. Wir trafen einander täglich, und bezogen Quartier auf der kleinen Bank im Stadtpark. Es war alles wie früher, die Blumen dufteten, die Musik wehte zu uns herüber, doch nach einiger Zeit begann er heimlich »sein Medikament« zu spritzen. Als ich ihn zur Rede stellte, meinte er: »Du kannst mich nicht verurteilen, weil du nicht weißt, wie das ist.« »Wenn du wüßtest, wie schön es ist«, sagte er ein andermal, »würdest du mich verstehen.« Und von da an versuchte er mich bei jedem Treffen zu überreden, auch eine Spritze zu probieren. Ich wehrte mich sehr dagegen. Tagelang kam ich nicht zum Rendezvous. Doch die Liebe siegte über den Verstand. Ich willigte schließlich ein, mir von ihm Morphium spritzen zu lassen.

Es war ein wunderschöner Frühlingsabend. Die Lichter im Park flammten auf, die Vögel zwitscherten verschlafen in den hohen alten Bäumen, die Rosen dufteten und Heinz war glücklich, »ganz glücklich«, wie er sagte, daß ich nun endlich den Genuß mit ihm teilen würde, der ihm so viel bedeutete. Ich entblößte meinen rechten Arm, er stach zu. Ich fühlte keinen Schmerz. Doch im nächsten Moment wurde mir furchtbar schlecht, so schlecht, daß ich glaubte sterben zu müssen. Ich bekam kaum Luft, mußte mich übergeben, fiel in ein schwarzes Loch der Todesangst und als ich halbwegs wieder zu Bewußtsein kam, hatte ich nur einen Wunsch. Weg von ihm. Nach Hause. Nach Hause, allein sein, nicht mehr denken müssen.

Nach diesem Vorfall war Heinz über einen Monat nicht erreichbar (wieder einmal)! Da ich ihm keine Rezepte mehr einlöste, hatte er einen Löffel geschluckt, um ins Spital zu kommen und behandelt zu werden. Doch das wußte ich nicht. Ich stand vor meinem Abschlußexamen, lernte Tag und Nacht und hatte keine Zeit, seinen Aufenthalt herauszufinden. Ich ging zwar öfter an der Wohnung seiner Eltern vorbei, doch die Jalousien waren herabgelassen, sie waren also verreist. Ich schrieb an meine Mutter, die mir mitteilte, daß die Familie P. diesmal früher als sonst in die Sommerfrische gefahren war und daß Heinz in Kürze nachkommen sollte. Doch er kam nicht.

So war der 8. Juni herangenaht, mein 20. Geburtstag. Doch von Heinz kam kein Brief, keine Blume. Umsonst hielt ich Ausschau nach seiner hohen schlanken vertrauten Gestalt, schließlich fuhr ich mit meinen drei Kolleginnen nach Klosterneuburg Schwimmen. Es war ein strahlender Sonnentag. Als wir abends nach Hause kamen, wartete ein Telegramm auf mich. Darin stand, daß Heinz gestorben und bereits begraben war. Von meiner Mutter erfuhr ich später, daß Heinz tatsächlich in die Sommerfrische gekommen war, dort jedoch nach einigen Tagen ins Krankenhaus gebracht werden mußte. Er hatte eine Nadel geschluckt, um Morphium zu erhalten, die Nadel war in die Lunge gedrungen, er wurde noch operiert, doch vergeblich. Jede Rettung war ausgeschlossen.

Wie ich es damals fertigbrachte, trotz meines Kummers meine Diplomarbeit zu machen, kann ich heute nicht mehr sagen. Es war gegangen. Ja, ich habe sogar als eine der besten abgeschnitten. Das Studium war also zu Ende, gleichzeitig mit meiner ersten großen Liebe. Nun hieß es Abschied nehmen von Wien, der Stadt, mit den vielen Erinnerungen. Nur eines war noch zu tun. Deshalb stand ich an jenem Tag vor dem großen Haus in dem sich das Büro von Heinrichs Vater befand. Ich wollte die Briefe wiederhaben, die ich Heinz in den letzten beiden Jahren geschrieben hatte. Deshalb quälte ich mich die Treppen hoch, deshalb stand ich vor jenem unerbittlichen großen alten Herrn, der mir nicht die Hand reichte, der einen ehrwürdigen Namen trug, der mit seinem Tod für immer erlöschen würde.

Er gab mir ein verschlossenes Päckchen. Ich dankte ihm, und wir verabschiedeten uns genau so förmlich, wie wir uns begrüßt hatten. Ich fuhr nach Hause, verbrannte die Briefe, trug die Asche zum Friedhof, stellte mich an das frische Grab und dachte nach. Ich dachte an jene Nacht im Stadtpark. Was wäre geschehen, wenn ich das Morphium vertragen hätte? Hätte ich auch nur die geringste Anlage zur Sucht besessen, ich wäre verloren gewesen. Hatte Heinz mich wirklich geliebt? Wenn ja, warum hatte er versucht, mich süchtig zu machen? Ach, der Krieg, er hatte sein Leben zerstört. Oder wäre alles anders geworden, wenn wir verlobt gewesen wären? Hätte ich ihn retten können, wenn wir uns täglich gesehen hätten? Ich fand keine Antwort auf diese Fragen. Langsam verstreute ich die Asche über die frische Erde, wandte mich um und ging gebrochenen Herzens heim. Es dauerte viele Jahre bis ich verstand, daß es so, wie es kam, gut war!

*

Zehn Jahre nach dem Tod ihrer ersten großen Liebe lernte meine Mutter meinen Vater kennen, einen temperamentvollen, begabten Dirigenten, groß, schlank, mit schwarzen Augen, die Mutter Ungarin, der Vater Österreicher, eine echte Mischung der Donaumonarchie. Von da an kam sie nicht mehr zum Denken, er hielt sie auf Trab. Das Leben mit meinem Vater war aufregend: Reisen, Übersiedlungen, Konzerte, Tourneen, Erfolge, Unsicherheit, Engagements die im letzten Moment platzten, Weltreisen von einem Tag zum andern, zwei Kinder, Haushalt. Zehn Jahre hat sie auf ihn gewartet. Ein unvorstellbar langer Zeitraum - nach heutigem Begriff.

Warten kann heute kaum noch jemand. Moderne Liebe ist voll Ungeduld, mit jedem Jahr steigt die Hektik, wir wollen alles sofort und während wir es genießen, denken wir schon an den nächsten Kuß. Wer wartet heute noch jahrelang auf eine Geliebte? Wer geduldet sich heute noch sieben, acht, zehn Jahre, bis er die Zustimmung zur Ehe erhält, von einem Vater, einem Vorgesetzten oder weil noch nicht genug Geld da ist, um einen Haushalt zu gründen? Die Eltern der Schriftstellerin Karoline Pichler warteten jahrelang, doch davon später mehr.

Zuerst noch eine zweite traurige und trotzdem schöne Liebesgeschichte aus Wien. Keine Angst, sie endet nicht tödlich. Sie ist auch nicht sehr lang. Ein Franzose hat sie für uns niedergeschrieben: Comte de la Garde, der dem Wiener Kongreß (1814–1815) beiwohnte. Es ist also ein Zeitdokument, was die Geschichte umso wertvoller macht. Weinen ist erlaubt. (Aber nur in Maßen. Zuviele Tränen schaden dem Teint!)

*

*** *Wahre Liebe* ***
(von Comte de la Garde)

Schon mehrere Male hatte ich bei den Konzerten einen jungen Mann bemerkt, dessen Augen eine schwarze Binde verdeckte und den eine junge Dame von reizender Haltung, in einen dichten ihre Züge verdeckenden Schleier gehüllt, geleitete. Ich sah sie in der Nähe der Orgel und sie schienen ein sehr lebhaftes Intersse an der Musik zu nehmen. Der Graf Franz Palffy saß neben mir und ich fragte ihn, wer die beiden jungen Leute seien, die mehr das Fest zu verdüstern als teil daran zu nehmen schienen?

»Der junge Mann«, antwortete er mir, »ist der Graf Hadik und die Dame, die ihn begleitet, seine Gemahlin: ihre Geschichte ist sehr interessant«.

»Durch enge Freundschaft verbunden und durch seit langen Jahren einander geleistete Dienste verknüpft, beschlossen die Grafen Hadik und Amadé noch durch das stärkere Band der Verwandtschaft sich aneinander zu schließen, indem sie ihre Kinder miteinander verheirateten. Theodor Hadik, der einzige Sproß seiner edlen Familie, wurde deshalb mit der jungen Constanze zusammen erzogen, die von Jugend auf so sanft war als schön. In ihrem 15. Jahre waren die Gefühle der beiden Kinder füreinander schon dieselben, als sie das ganze Leben hindurch sein sollten. Die Schlösser der beiden Magnaten waren benachbart, und Constanze, welche dem Unterricht ihres jungen Freundes beiwohnte, nahm so an allen den Übungen teil, welche die Anmut entwickeln, ohne der Schönheit Eintrag zu tun. Was sie noch mehr einander näherte, war dieselbe lebhafte Liebe zur Musik, welche den Ungarn eingeboren zu sein scheint. Im ganzen Lande führte man sie beide als Muster von Vollkommenheit und Tugend an, und schon dachten die Väter daran, sie durch die Ehe zu verbinden, als der Krieg ausbrach.«

»Die ungarischen Gesetze gebieten, wie Sie wissen, jedem Edelmann, in Person für die Verteidigung des Vaterlandes zu kämpfen und bei großer Gefahr, wenn die ganze Nation die Waffen ergreift, marschieren die Magnaten mit ihrem Banner an der Spitze aller ihrer Vasallen. Der Graf Hadik wünschte zum Ruhme seines Hauses sehr lebhaft, daß sein Sohn an dem bevorstehenden Feldzuge teilnähme. Constanze unterdrückte, ganz der glänzenden Zukunft und dem Ruhme des Freundes sich hingebend, ihren Schmerz und sah mutig die Vorbereitungen zu einer Trennung, die der Wechsel des Kriegsglückes sehr lang, ja vielleicht ewig machen konnte.«

»Voller Ungeduld, seinem Vaterlande zu dienen, wünschte Theodor sich den Augenblick herbei, der ihm Gelegenheit bieten sollte, sich seiner Geliebten würdig zu machen: und endlich stellte man den Tag seiner Abreise fest. Aber am Tage vorher geschah die Verlobung des Paares auf dem Schlosse, und mit der Gewißheit, die Hand Constanzens einst zu besitzen, brach der junge Graf an der Spitze seiner Vasallen auf und begab sich nach Pest zur ungarischen Armee. Die Resultate des Krieges sind bekannt: die Ungarn bewährten dabei den alten Ruf ihrer glänzenden Tapferkeit. Theodor erwarb sich durch mehrere ausgezeichnete Waffentaten das Kreuz des Mariatheresienordens, welcher als eine der ehrenvollsten militärischen Auszeichnungen betrachtet wird.«

»Aber während der Ruhm den jungen Mann mit seiner Gunst überhäufte, lag Constanze an einer schweren Krankheit darnieder und befand sich am Rande des Grabes. Von den bösartigen Pocken befallen, schwebte sie lange Zeit zwischen Leben und Tod. Zwar retteten die Ärzte ihr endlich das Leben, aber sie konnten sie doch nicht gänzlich vor den Spuren des bösen Giftes bewahren, und ihr von Natur so reizendes Antlitz wurde bis zur Häßlichkeit entstellt. Man erlaubte ihr erst, ihre Züge zu betrachten, als sie vollkommen hergestellt war.«

»Bei dem Anblicke ergriff sie Verzweiflung, und überzeugt, daß Theodor sie so nicht mehr lieben könne, wünschte sie sich den Tod herbei.«

»Vergebens suchte sie ihr Vater und der Graf Hadik zu beruhigen; von der Furcht gepeinigt, ihres Geliebten nicht mehr würdig zu sein, wies sie jede Tröstung zurück: und diese junge Blume welkte dahin, ohne daß ihr irgend etwas wieder Hoffnung zu geben imstande war.«

»Während sie eines Morgens in ihres Vaters Armen lag, der sie beschwor, wenigstens für ihn zu leben, trat plötzlich der Diener, welcher Theodor in den Krieg begleitet hatte, ein und meldete, daß ihm sein Herr auf dem Fuße folge. Wirklich hörte man schon die Stimme des jungen Mannes, der sich näherte und rief:

»Constanze, wo bist du, wo bist du?«

»Bei diesen so teuren Lauten bedeckte die Unglückliche, welche nicht mehr die Kraft hatte zu fliehen, sich das Gesicht mit dem Schnupftuche und ihren Händen.« »Ach, ich bitte dich, Theodor,« rief sie, »komme mir nicht nahe. Ich habe meine Schönheit eingebüßt. Ich habe dir nichts mehr zu bieten, nichts als mein Herz.«

– »Was höre ich? Aber sieh mich nur an, teure Constanze.«

»Nein, nein, du würdest erschrecken, wenn du mich sähest!«

– »Nun, was schadet's, wenn deine Liebe nur dieselbe ist? Constanze, ich kann dich nicht mehr sehen.«

»Sie erhebt den Blick, sieht ihn an. Theodor war blind geworden, eine vorbeistreifende Kugel hatte ihm das Gesicht geraubt.«

»Oh mein Gott, sei gelobt!« rief Constanze und sank auf die Knie; »Theodor, wir werden verbunden sein! Nun kannst du mich noch lieben! Ich will deine Führung werden; ja, ich werde immer noch dieselbe sein wie im ersten Augenblicke unserer Neigung. Du kannst mich noch lieben!«

»Kurze Zeit darauf waren sie verheiratet. Niemals war ein Paar so würdig, glücklich zu sein und war es auch wirklich so sehr. Überall geleitet die Gräfin ihren Gatten, ohne ihn auch nur einen Augenblick zu verlassen. Sie umgibt ihn mit den zartesten Aufmerksamkeiten: ihre Liebe scheint in seiner traurigen Lage nur eine neue Quelle gefunden zu haben. – Wenn Sie sie stets verschleiert sehen, so geschieht es nicht, weil sie ihre entstellten Züge zu zeigen fürchtet, sondern sie ist besorgt, daß die Bemerkungen, welche die Leute über den Verlust ihrer Schönheit machen würden, das Herz des Gatten trüben möchten, den sie anbetet.«

»Die Leidenschaft des jungen Grafen für die Musik scheint stärker geworden zu sein, seit er den Genuß des Sehens verloren. Er wohnt regelmäßig allen Konzerten bei und ihm zur Seite ist stets seine treue Gefährtin, die nur für ihn zu leben scheint.«

Als der Graf diese ergreifende Geschichte beendet hatte, war eben das Konzert aus. Man öffnete die Fenster: Auf dem See war ein kunstreiches Feuerwerk vorbereitet. Die Strahlenbündel, die sich kreuzten und im Wasser widerspiegelten, die vielen bewimpelten und illuminierten Flaggen, die Lichtmassen, die sich an dem dunklen Hintergrunde des Waldes abhoben, der Klang der Hörner, der sich mit dem Geknatter der Raketen und dem Gekrach der Bomben mischte, das alles machte einen wahrhaft zauberischen Effekt.

Endlich dachte man nach einem so schön angewandten Tage an die Heimkehr, um morgen den unerschöpflichen Kreislauf von Vergnügungen und Festen wieder von vorne zu beginnen.

*

Damit schließe ich das Kapitel über traurige Wiener Liebesgeschichten. Es ist ohnehin nicht sehr lang. Die Geschichten sind schön, erhebend, doch auch die sonnigen Seiten sind wichtig. In der Sonne schöpft man Kraft.

Wenden wir uns einem reizenden Wesen zu, das heute in Vergessenheit geraten ist. Einer echten Wienerin, sie hat Mode und Geschmack beeinflußt und die Liebe nicht verschmäht. Nein, es handelt sich nicht um Fürstinnen und feine Damen. Auch nicht um die leichten Mädchen am Graben. Auch nicht um Sängerinnen und Tänzerinnen, die alle beitrugen, den Ruf Wiens als Weltstadt zu heben. Doch über Fanny Elßler, Katharina Schratt, die Vigano, Marie Geistinger, Sophie Müller, Mathilde Wildauer, Bertha Linda, und all die hochtalentierten Schönen, die aus Platzmangel hier ungenannt bleiben, ist sehr viel geschrieben worden. Und mit Recht. Ich aber begebe mich in die Häuser, die Salons, die Schlafzimmer, mit einem Kompliment an die berühmten Wiener Stubenmädchen, die, haben Sie es gewußt? – als die schönsten der Welt galten.

Stubenmädchen? Berühmt? Schön? Kann das stimmen? Es kann! Lassen Sie sich überraschen!

Kapitel 4

STUBENMÄDEL UNBEKANNT – WER IST DIE SCHÖNSTE IM GANZEN LAND?

Wien war eine sehr reiche Stadt. Vielen von uns ist das neu, denn wir haben alle zu wenig Geschichte gelernt. Außerdem ist es große Mode alles Vergangene zu verteufeln, eine gute Zeit von heute mit einer schlechten von damals zu vergleichen, hochnäsig auf den »Lebensstandard« von früher herabzublicken, und sich einzubilden über alles erhaben zu sein. Das war schon immer so, doch nie so kraß wie heute.

Und doch war Wien ein glänzender Stern am Firmament des Abendlandes, der »goldene Apfel«, den die Türken so gierig zu erobern suchten, das reiche Herz Mitteleuropas, vergleichbar nur mit Paris. Es gab Zeiten, da herrschte unglaublicher Wohlstand in Wien, nicht nur in den obersten Kreisen, nein, auch die Dienstmädchen gingen in Samt und Seide, was allen Fremden sofort ins Auge stach und Chronisten, Literaten und Prediger zu den giftigsten Ergüssen ermunterte.

Schon im 17. Jahrhundert beklagte sich Abraham a Sancta Clara darüber, daß der allgemeine Luxus nicht mehr zu ertragen sei. »Fast jede Nahterin und Stubenreiberin trägt einen Pelz«, empörte er sich. Normale Seide sei nicht mehr gut genug für ihre Kleider, Nein, es mußte »Seide aus Kappadozien« und »Taft aus Persien« sein und wem genügt noch normales Rot, Weiß, Blau? Nicht der Wienerin. Sie brauchte neue Nuancen, für die man neue Namen schuf: »Blauhair«, »Citrin«, »Isabel«, »Carmesin«. Wo bleibt da Sitte und Anstand? Demut und Gehorsam? Und woher sollte sie dies haben, wenn ihre Herrin sie darin ermutigte? Denn was tut die feine Dame? Legt sie sich züchtig schlafen, geht sie Sonntags früh zur Messe? Nicht in Wien!

»Nachdem sie von der Sonnabend-Soiree um zwölf Uhr nachts heimgekehrt ist, beginnt sie die Sonntagsfeier mit Schlafen bis zehn, danach setzt sie sich vor den Spiegel, zwingt die Haare durch die Pomade in die Höh, umsteckt sich mit kostbarischen Pelzen und Zitternadeln, es glänzet alles von Schmuck Silber und Gold, endlich kommt sie wie ein gestirnter Himmel in die Kirchen, setzt sich vorne in den großen Stuhl, damit sie jedermann sehen und von allen möge gesehen werden. Der Lakai trägt einen rotsamtenen mit Gold reich bordierten Büchersack und legt eine halbe Bibliothek von Betbüchern aus ...«

und dann kommen die Herren und zwinkern mit den Augen, bewundern das schöne Frauenzimmer, kehren dem Altar den Rücken, bieten vielleicht auch Tabak an, nein woher soll das Personal Manieren lernen?

Zur Zeit des großen Predigers überstrahlte die feine Dame alles – auch ihr in Samt gehülltes Stubenmädel. Hundert Jahre später war das anders. Das Personal holte auf. Das Stubenmädel war zwar noch immer die ärmere. Dafür besaß es oft mehr Geschmack, Mut und Phantasie. Folgendes erstaunliche Werk von einem gewissen Rautenstrauch betitelt »Über die Stubenmädchen in Wien«, läßt tief blicken. Es entstanden 1781, wurde sofort ein Bestseller und mit größtem Vergnügen habe ich die wichtigsten Stellen herausgeschrieben – mit der Hand, in der Rathausbibliothek, denn das Buch ist bereits brüchig, der Einband fragil, man darf es nicht mehr photokopieren. Hier nun die Ergüsse eines empörten Wieners, der die gnädigen Frauen gegen die »Stubenmenscher« verteidigen mußte. (Ich habe mir erlaubt, die Rechtschreibung und ein paar Wörter zu modernisieren, damit man weiß, was er meint.)

»Wer hätte gedacht, daß diese Geschöpfe in unserer Hauptstadt eine so große Rolle spielen würden? Es sind die Stubenhexen, über die sich seit einiger Zeit unsere Wiener Bürgermädchen, unsere halben und ganzen Fräuleins und sogar die gnädigen Frauen aller Gattungen heftigst beschweren. Weil sie ihnen teils ihre Liebhaber abfischen, teils ihre Männer wankelmütig und nicht selten sogar untreu machen ... Die Ursache ihres gefährlichen Reizes liegt in der Tracht. Sie ist die vorteilhaftigste und anziehendste für den weiblichen Körper. Sie setzt die Formen aller Gliedmaßen in ihr wahres Licht. Sie zeichnet Lenden und Hüften vortrefflich aus – kurz – sie reizt das Auge.

Die Gnädigen dagegen tragen Fischbein, Eisendraht, Roßhaar, womit sie ihre Formen zu verschanzen pflegen. Sie verunstalten sich geradezu. Alles ist Blendwerk, man wendet die Augen mit Widerwillen von diesem Bauschwerk ab, um sie wohlgefällig auf den Stubenkätzchen ruhen zu lassen, wenn sich dort etwas wölbt, ist es echt.«

Die Stubenmädchen, heißt es weiter, seien auch immer nett, sauber, reinlich, kokett. Dafür verwenden sie mehr duftende Pomade als ihre Herrschaft. Man gehe durch die Straßen Wiens und betrachte diese Geschöpfe genauer: Ihr einziges Kennzeichen sind die »böhmischen Hauben«, die jedoch, Skandal!, immer kleiner werden! Viele fangen schon an, sich zu frisieren. Und sorgsam geheftete Hauben zu tragen. Das steht ihnen nicht zu! Ihre Haare sind manchmal sogar um die Stirn herum ins Gesicht gekämmt. Sie machen sich tief herabhängende Chignons, als ob sie vornehme Fräuleins wären. Sie sind weiß und rot geschminkt, um den vornehmen Damen zu trotzen. Sie tragen teure Tücher um den Hals. Ihr Busen ist so heraufgepreßt und offen und bloß wie bei den ersten Koketten. Sie tragen Seide und Spitze und teuren Schmuck. Sie betören die jungen Herrn in der Familie, damit sie ihnen Geschenke machen. Sind Söhne im Haus, wo werfen sie ihre Angeln nach diesen aus. Wo nicht, suchen sie sich ihre Herrn ergeben zu machen. Wie viele Frauen müssen sich Grobheiten von ihrem Stubenmädel gefallen lassen, weil der Herr des Hauses ihr Protektor ist. »Man erkundige sich ein wenig, man stelle links und rechts aufmerksame Beobachtungen an, so wird man finden, daß ich wahr rede.«

Und jetzt kommt das ärgste. Wo Töchter sind, gibt es gewöhnlich auch Liebhaber. Die Stubenmenscher lassen sich als Unterhändlerinnen gebrauchen! Dafür kriegen sie Geld. Die Kaufmänner Wiens »in den Putz- Seiden- und Gewürzgewölben sind bei diesen Geschöpfen sehr wohl daran. Was ist das für eine Stadt, in der sich die Stubenmädchen so kostspielig herausputzen können? Einige von ihnen sind sogar *Modegöttinnen* geworden! Die Männer sprechen schon ganz begeistert von ihnen, als ob es sich um Damen handle. Überhaupt gibt es gewisse Häuser, wo nur schöne Stubennymphen aufgenommen werden, um die Hausfreunde von artigen Gesichtern bedienen zu lassen!« »Die Huren bedienen sich schon der hübschen Stubenmädchentracht. Die Gnädigen Frauen gehen als Stubenmädel auf den Maskenball! Wo wird das enden?« Rautenstrauch fordert Handlung:

»Daher muß man sofort etwas tun. Gerade jetzt, bei unserem sparsamen Monarchen (Joseph II) muß auch hier gespart werden! Tut was. Verbietet ihnen, sich zu schminken und ihre Haare zu zeigen. Man lasse sie nichts mehr aus Seide tragen, oder aus Mousseline. Statt seidener Strümpfe sollen sie baumwollene oder leinerne tragen, statt Schuhen von Gradel oder Damast sollen sie keine anderen als schwarze sich anschaffen!« Am Schluß dringt er in seine Leser: »Man lasse ihnen nicht soviel Zeit zum herumvagieren. Man gestatte nicht, daß sie von Mannspersonen Visiten annehmen.« Und nun folgt die letzte Warnung: Die Stubenmädel werden sich wehren und Widerspenstigkeiten zeigen. Doch es muß etwas geschehen, sonst »würden vermutlich bald die Köchinnen, Küchenmenschen und Mistweiber ebenfalls zu kokettieren anfangen. Was würden unsere gnädigen Frauen und Fräuleins ihnen dann noch voraus haben?«

Es hat natürlich nichts genützt. Sieben Jahre später schrieb Johann Graf Fekete, der sich hauptsächlich in Paris aufhielt, wo er gute Vergleiche ziehen konnte, folgendes über Wien, wenn auch ohne sich besonders aufzuregen:

»Der Luxus, diese vielleicht heilsame Geisel der großen Staaten, hat hier alle Schichten der Bevölkerung verdorben, und die Frau eines Schneiders ist heute prächtiger gekleidet, als die Gattin eines Millionärs vor einem Jahrhundert ... Die leichtsinnige Weiblichkeit ist in Wien sehr hübsch und ebenso nichtsnutzig, wie in allen anderen Hauptstädten. Die Gilde der 'Stubenmenscher' zeichnet sich durch eine Kopfbekleidung und ein Mieder aus, die geeignet sind, die Anziehungskraft ihrer Reize unendlich zu heben.«

Es war also nichts mit der züchtigeren Tracht, derben Strümpfen und Schuhen. Die Stubenmädel machten sich weiterhin so hübsch als möglich, sparten fleißig, verschmähten keine Geschenke, und wenn sie genug beisammen hatten, kündigten sie den Dienst, heirateten ihren Liebsten, der Kutscher, Hausknecht, Reitknecht, Leibhusar war. Und mit dem gemeinsam Ersparten eröffneten sie ein Geschäft, einen Hutsalon, eine Greißlerei, ein Café, ein Gasthaus. Manche von ihnen wurden wirklich Modeköniginnen, denn sie mußten geschickt sein im Frisieren, Haubenstecken, Tücherbinden, Perlen ins Haar flechten, sie waren ja nicht nur für ihre eigene Schönheit verantwortlich, sondern auch für die ihrer »Gnädigen«.

Die Wiener Stubenmädel waren so hübsch, daß ihr Ruf bis Paris und Konstantinopel drang. Resultat: Der berühmteste Prominentenmaler der damaligen Zeit, der Genfer Jean Etienne Liotard, der nur Kaiser, Könige und Prinzessinnen malte, darunter Maria Theresia und ihre Kinder, beschloß, das Bild eines Wiener Stubenmädels zu verfertigen. Skandal! Kein Wunder, daß Mütter um ihre Söhne zitterten. Er wählte als Modell die bildhübsche Fiakerstochter Nandl Baldauf, und das Bild wurde weltberühmt. Das Original kam nach Dresden, eine Kopie ist noch in Genf. So hing das erste Wiener Stubenkind, in ihrer hübschen Tracht, eine Tasse Schokolade servierend, zwischen kaiserlichen Hoheiten. Und wie ging es weiter mit Nandl, dem Malermodell? Ann Titia Leitich berichtet:

»Das stärkte natürlich das Selbstbewußtsein der Baldauf, die sich jetzt Nanette nannte, ganz gewaltig. Sie nahm sich nicht mehr und nicht weniger vor, als Fürstin zu werden, ein weiblicher Rang, der damals ungefähr auf der heutigen Ebene eines Hollywoodstars lag. Sie machte den um sechs Jahre jüngeren Fürsten Liechtenstein in sich verliebt und als dieser auf die Vorstellungen seiner Eltern hin, die entsetzt waren über die Idee, daß er ein Dienstmädel heiraten wollte, Nandl fallen ließ, rächte sie sich trotzig, indem sie sich dem Freund des Liechtenstein, dem viel älteren und reicheren Karl Dietrichstein ins Herz stahl. Dietrichstein war verheiratet, doch Gattinnen sind schließlich sterblich. Sie werde es noch dahin bringen, drohte Nanette, daß gewisse Damen vor Zorn fiebern würden!«

Sie mußte lange warten. Es gab dramatische Auf und Ab in ihrer Freundschaft mit Dietrichstein. Sie war keineswegs nur dienende Magd. Sie fühlte sich sehr als die schöne, gescheite Nanette, la belle Chocolatière. Sie blieb treu - ob dem Fürsten sei dahingestellt - doch jedenfalls ihrem Ziel. Schließlich erreichte sie es auch. Im Jahre 1802, sie war 45 und noch immer schön, der Fürst 74 Jahre alt - war die Hochzeit in der Michaelerkirche, wie es sich für eine hochadelige Kopulation gehört.

Das war des Rätsels Lösung, der Grund, warum gegen die Stubenmädel gewettert wurde wie gegen die Pest. Sie wagten gute Partien zu machen, wo doch hochadelige Fräuleins die größte Mühe hatten ebenbürtige Herren für ein Leben zu zweit zu finden. Was schreibt Johann Graf Fekete in seinem Buch »Wien im Jahre 1787, Skizze eines lebendigen Bildes«?

»Wien wimmelt von heiratsfähigen Mädchen. Man zählt ihrer unter dem hohen Adel bis zu hundertzwanzig, und auf diese Schar kommen höchstens zehn Bewerber!«

Nanette war ja nicht die einzige, die auf Männerfang ging. Sie war nur die bekannteste, da sie durch ihr Bildnis öffentliches Gut gworden war. Ann Tizia Leitich erzählt auch die sehr amüsante Geschichte einer weiteren Fiakerstochter, die den Prinzessinen in die Quere kam, sie hieß Elisabeth Meyer und wurde mit einem ungarischen Grafen reich und glücklich.

*

*** *Fiaker Liesl wird Gräfin* ***
(von Ann Tizia Leitich)

Die Gräfin Erdödy, geborene Elisabeth Meyer, vulgo Fiaker-Liesl, kam nicht umsonst aus jener Ecke in Wien, wo der Witz am 'harbsten', die urwüchsige Ungeniertheit am größten, der Berufsstolz am unerschütterlichsten blühte. Denn Liesl war die Tochter eines Kutschers, der in Wien bekanntlich den Namen seines Zeugls führte, also eines Fiakers. Der Spitzname dieses Meyer ist nicht überliefert, doch sicher hatte er einen; kein Fiaker, der etwas auf sich hielt und von der Gilde für etwas gehalten wurde, war ohne saftigen, rassigen, wienerischen Spitznamen. Er gab ihm eine Art Adelsprädikat des Berufes. Dieser Beruf aber war in Wien eine Spezialität. Kein Kutscher der Welt fuhr so schnell und so fesch wie der Wiener Fiaker; kein Kutscher der Welt war aber auch von seiner Überlegenheit so felsenfest überzeugt und so witzig frech. Der Fiaker fühlte sich, und dies um so mehr, je wohlhabender die unteren Schichten wurden. Hatte man einst die Karossen der großen Damen angestaunt, so fuhr man nun selbst in den schlanken, leicht gefederten Wagen, die an ihre Stelle getreten waren; wenn auch nicht täglich und wöchentlich, so doch an gewissen Ehrentagen. Einer Hochzeit in der Vorstadt gab das möglichst große Aufgebot von Fiakern erst den richtigen unerläßlichen Schick. Der Brautvater mußte tief in die Tasche greifen; die ganze Familie vielleicht monatelang sparen; aber die Braut fuhr an der Spitze einer eindrucksvollen Reihe von 'feschen Zeugln' in die Kirche! Der Leibfiaker, den die Grafen für ihre privaten und vertraulichen Fahrten benutzten, verband die unterste mit der obersten Schicht. Daher war auch der Fiaker der Vertreter vorstädtischer Eleganz und sollte als solcher später den schmalrandigen Zylinder – von Grafen Trautmannsdorf aus England importiert – zu seiner ureigensten Kopfbedekkung machen.

Der Meyer fuhr 'seinen' Grafen, der sich seiner Kunst bediente, wenn er in Wien war. Liesl aber, die hübsche und lustige Tochter des Meyer, erweckte des Grafen Erdödy Aufmerksamkeit; und weil er ein Aristokrat aus Ungarn war, wo man noch Gefühl für gute Rasse hatte, auch wenn sie keine mehrzackige Krone trug, so heiratete er sie schlankweg. Niemand hatte ihm etwas dreinzureden, er war Hofkanzler und besaß große Güter in Ungarn. Die Fiaker-Liesl war von all dem Glanz keineswegs eingeschüchtert oder aus dem Gleichgewicht geworfen. Sie verstand es ausgezeichnet, mit den hochgeborenen Verwandten und Freunden umzugehen, denn sie wußte: Ich bin eine Fiakerische und das ist auch etwas. Das feurige Pußtatemperament und Liesls Wiener Witz vertrugen sich gut und die teuren Toiletten und der Schmuck, den ihr ihr verliebter Mann schenkte, paßten ausgezeichnet zu ihrer natürlichen Anmut. Man lachte viel über sie und mit ihr und konnte ihr nichts anhaben. Sie war geschäftstüchtig und verwaltete nach dem Tode ihres Gatten ihre Güter selbst. Lesen konnte sie nicht, aber das brauchte niemand zu wissen.

Sie ließ sich ein und denselben Brief von mehreren Leuten nacheinander vorlesen und korrigierte schlagfertig die Fehler oder Auslassungen, die einer machen zu können glaubte, denn sie hatte ein wahrhaft wunderbares Gedächtnis. Immer sprach sie den saftigsten Wiener Dialekt. Wenn sie ihren herrlichen Schmuck zeigen wollte, so sagte sie dem Lakaien: »Bringen's die Schmiragden und das andere Glumpert!« Mit ihrem Gatten, dem Herrn Hofkanzler, lebte sie in bester Ehe. Er hörte nicht auf, ihre urwüchsige Schönheit zu bewundern. Als ein Juwelier dem Kaiser Franz einen sehr schönen Schmuck für die Kaiserin verkaufen wollte, wies er ihn zurück mit den Worten: »Bieten's ihn dem Erdödy an; mir ist er zu teuer.« Der Juwelier befolgte den Rat, und Erdödy kaufte. »Für meine Liesl«, sagte er, »ist mir nichts zu kostspielig«; nebenbei war er auch geschmeichelt, den Kaiser übertrumpfen zu können. Böse wurde Elisabeth, Gräfin Erdödy nur, als ihr Bruder, dem sie am gräflichen Gutshofe eine Verwalterstelle verschafft hatte, sich mit ihrer Kammerjungfer einließ und sie heiratete. Eine solche Mesalliance, klagte sie, sei in ihrer Familie noch nie vorgekommen – womit sie aber keineswegs die Erdödys, sondern selbstverständlich die Meyers meinte, die als »Fiakerische« mehr Standesbewußtsein gehabt haben müßten. Ihr gutes Herz konnte dem Bruder freilich nicht lange zürnen, schon deshalb nicht, weil bei ihm bald etwas Kleines in der Wiege lag, das ihr selbst sehr abging. Später bemühte sie sich auch tüchtig, für die Töchter der Kammerjungfer ausgezeichnete Partien zu finden.

*

Ich hätte mit Freuden zur Zeit der hübschen Baldauf gelebt, oder unter Maria Theresia, als Wien sprühte vor Geist, Gold und Talent, magisch die Augen aller Welt auf sich zog und VIENNA GLORIOSA hieß!

Ich hätte auch nicht reich geboren werden müssen, ich hätte mich schon durchgebracht. Waren auch viele Berufe Frauen versperrt, so wurde in Wien der Phantasie niemals Grenzen gesetzt, im Gegenteil! Kein Gesetz verbot einer Frau sich selbständig zu machen, gut zu verdienen und glücklich zu sein. Vorbilder gab es genug. Es gab Malerinnen, Sängerinnen, Schauspielerinnen, Geigerinnen, Flötistinnen, Bassistinnen, Pianistinnen, Dichterinnen, denen der Hof und das

Land zu Füßen lag. Es gab auch Greißlerinnen, Obstlerinnen, Fischweiber und reiche Wäscherinnen, die zwar weniger verdienten als die Besitzer heutiger Reinigungssalons, aber genug, um sich Häuser zu kaufen, in Mödling, der Rossau, der Hinterbrühl, mit großen Gärten zum Wäschetrocknen. Sie besaßen Pferd und Wagen, um ihre Wiener Kunden zu beliefern, und im Alter konnten sie sich bedienen lassen.

Es gab Frauen, die besaßen berühmte Kosmetikfirmen, wie Rosa Schaffer, deren Devise hieß: Schönheit ist Reichtum, Schönheit ist Macht! In ihrer Jugend stand sie dem berühmten Maler Makart Modell. Dabei war sie nach heutigen Begriffen nicht einmal schön, mit großer Nase, wildem Kinn, starkem Hals und männlichem Profil.

Es gab Trafikantinnen, Hotel- und Konditoreibesitzerinnen (Anna Sacher, Maria und Anna Demel waren nur die bekantesten). Es gab Fabrikantinnen, wie Laura Moor, reiche Vorstadtwirtinnen, wie die vollbusige, seiden- und perlenumflorte Barbara Meyer, die sich gerne malen ließ, es gab die schöne Biedermeierdame Tschapek, die die Modefirma »Zur Jungfrau von Orleans« besaß, es gab die Schwestern Flöge, Freundinnen Gustav Klimts, die den feinsten Modesalon der Jugendstilzeit führten. Es gab, es gab, es gab, ich kann nicht das ganze Handelsregister kopieren. Und viele waren in der Jugend Stubenmädel! Wien war voll von tüchtigen Frauen, das machte die Stadt so schön. Wer in der Monarchie etwas wagte, wer fleißig war und ehrlich, der lebte gut. Es gab praktisch keine Steuern, Vermögensbildung war erwünscht, wer sich selbst half, dem half Gott! Und war man Ehefrau – nun, es gab schlechteres!

Maria Theresia, die große Kaiserin hatte das Ansehen der Frauen gestärkt. Das Selbstbewußtsein der Wienerin kannte keine Grenzen. Ich zitiere wieder Rautenstrauch, der sich bitterlich beschwert, über die neue »feine Lebensart«, die den Damen alles, den Herren nichts erlaubt. In einem weiteren Buch beklagte er die armen Ehemänner: »Schwachheiten der Wiener«, denn kaum war die Wienerin unter der Haube, ließ sie sich – man höre und staune – *noch* mehr hofieren als zuvor. Feine Lebensart legte dem Mann Verbote auf:

»Wer in Wien bei seiner Gattin der Eifersucht Raum geben wollte, würde dem Gespött aller derer, die ihn umgeben, ausgesetzt sein. Er darf sie also in Gesellschaft nicht an der Hand führen, er muß seine Frau allezeit einem andern überlassen.

Er darf nicht ungehalten werden, wenn sie erst gegen Mittag aufsteht und sich allenfalls gegen Mitternacht niederlegt.

Er darf ihr nicht vorschreiben, mit welchen Frauen sie umgehen, oder welche sie meiden soll. Auch hat er nicht nötig zu wissen, mit wem sie korrespondiert. Wenn er recht viel Vernunft zeigen will, muß er Briefe, welche ihm ungefähr in die Hände kommen, und an seine Frau adressiert sind, ihr selbst unversehrt überreichen, ohne eine saure Miene zu machen oder die mindeste Bedenklichkeit zu äußern.

Er muß seine Frau loben, ihre Tugend preisen und versichern, daß er nur sie wieder heiraten wolle.

Er muß sich sorgfältig um die sogenannten kleinen Schulden seines Weibchens (beim Stubenmädel) erkundigen und sie von Zeit zu Zeit heimlich tilgen, ohne sich das mindeste merken zu lassen.

Wer sich zu diesem Grad von Selbstverleugnung zu schwach fühlt, darf in Wien gar nicht heiraten, oder muß zum mindesten auf das Lob verzichten, daß er eine feine Lebensart hat.«

Das aber ist nicht alles. Rautenstrauch fährt fort:

»Die Untreue und Buhlerei hat die Stelle der Liebe eingenommen. Daher ist fast jeder unserer heutigen Ehemänner zu beklagen, daher bedenkt sich jeder Vernünftige sehr lange, ehe er sich zu heiraten entschließt. Besonders in der Hauptstadt, wo jede Frau, die nicht gerade mißgestalten ist, eine Menge Anbeter um sich herum hat, die ihr über kurz oder lang ihren Mann so glatt aus dem Herzen wegplaudern, als ob sie ihn nie gekannt hätte!«

Doch die Verehrer reden nicht nur, sie schmeicheln sich in das Herz der Dame, indem sie ihren Schoßhund spazierentragen:

»Alle Frauen und Fräuleins die sich unter die geschmackvolle Welt zählen, haben Schoßhündchen, von dieser oder jener Rasse, nachdem es die Mode bringt. Man trete so einem kleinen Hund nur auf die Pfote, so hat man gewiß die Gunst einer Frau auf lange Zeit verloren. Die großen Schwachköpfe, welche auf der Welt nichts weiter verstehen, als den Frauen den Hof zu machen, tragen diese Hündchen öffentlich auf den Promenaden oder in der Straßen unter dem Arm, ein Aufzug, der ihnen eine so tierische Miene gibt, daß man in Versuchung gerät, ihnen gerade unter die Nase zu lachen ...«

Und wehe, wehe, man vergißt den Namenstag oder Geburtstag einer Wienerin. Das verzeiht sie nie! Ein echtes Wienerkind will gefeiert werden, Gratulationsbesuche empfangen von festlich gekleideten Herrn, und sollte sie abwesend sein, so legt sie zumindest große

Papierbögen in das Vorhaus, damit sich die Gratulanten aufschreiben mögen und sie sehen kann, wer ihretwegen ihre Treppen auf- und niedergestiegen ist.

»In einer so volkreichen Stadt«, klagt Rautenstrauch (Wien zählte damals um die 250 000 Einwohner), »kann man leicht das Unglück haben, in zwanzig oder dreißig Häusern bekannt zu sein, wo überall drei, vier oder mehrere Personen sind, die doch auch Geburts- und Namenstage haben. Wie leicht kann es also nicht geschehen, daß die Hälfte des Jahres zu Galatagen wird?«

In Wien war der Namenstag so wichtig wie der Geburtstag und beide wurden ausgiebigst gefeiert. Man trug die schönsten Kleider, kam in blumengeschmückten Kutschen gratulieren, und hatte man, wie Nanette Baldauf das Glück Anna zu heißen, so kam man aus dem Feiern nicht mehr heraus. Denn Anna, die Gattin Joachims, die nach 20 Jahren Unfruchtbarkeit plötzlich Maria, die Mutter Jesu gebar, war ein besonderer Liebling der Wiener. Sie war auch die Schutzpatronin der Tischler, die wahre Künstler waren, wie die herrlichen Barock- und Biedermeiermöbel zeigen, und eine reiche Zunft läßt sich nicht lumpen. Nicht nur viele Stubenmädel hießen Anna, Annerl, Nanni, Nannerl, Netterl, Nanette, auch Königinnen trugen diesen Namen und in der Annennacht, am 26. Juli, ließ man sie hoch leben. Es gab den Annenball, ein Annenfeuerwerk im Prater, und Annenfächer, die man seiner Liebsten gab. Man fuhr zum Heurigen, wo man lustige selbstgemachte Gedichte deklamierte, oder man ließ heiße Liebesschwüre in ein Strumpfband weben, das man heimlich seiner Anna zusteckte. Und vorher gab man viel Geld aus, für Kleider und Schuhe, Hüte und Spitzen, Sonnenschirme und Schärpen, denn in der Annennacht gab es überall große Festlichkeiten, und jede wollte die schönste sein.

Waren die Wiener Stubenmädel die schönsten der Welt, so konnten sich auch die andern sehen lassen. Das größte Kompliment für die Wienerin kam aus dem Mund einer Pariserin, der gefeierten Malerin Vigée-Lebrun. Sie erklärte bei einer Einladung in einem vornehmen Haus, wo ihr zu Ehren halb Wien versammelt war, daß sie noch nie in ihrem ganzen Leben so viele schöne Frauen auf einem Fleck beisammen gesehen hätte! Das entfachte den Ehrgeiz der Wienerin erst recht. Sie wollte auch in der Mode der Pariserin den Rang ablaufen. In allen Kreisen der Bevölkerung blühte Eitelkeit und Lebenslust, was den Damen böse Kritik eintrug: »Eine Frau ist in Wien für jedermann eine schwere Last«, meint Graf Fekete, »besonders für den hohen Adel. Abgesehen von einem mehr oder minder großen, aber stets beträchtlichen Kapital Diamanten, Equipagen, Putz ... erfordert die Ehe stets sehr großen Aufwand, um der Gefallssucht dieser Damen zu genügen, von denen eine die andere an Prunk überbieten will, ohne auf die Vermögensumstände ihres Mannes Rücksicht zu nehmen.«

Karoline Pichler berichtet ähnliches. Sie erwähnt auch den Hausfreund, der einspringt, um mit Geld und Geschenken den Bankrott des Herrn Gemahls zu verhindern. Diese großzügigen Liebhaber müssen im Alten Wien sehr zahlreich gewesen sein, denn sie kommen in vielen Schriften vor. Ehemännern wird empfohlen, den Damen ihre Kleiderwünsche zu erfüllen. Sonst sucht sie sich einen Hausfreund, heißt es, dann wird man Geweihträger, das ist es nicht wert. Zu Beginn des 18. Jahrhunderts wunderte sich die Engländerin Lady Mary Montague, daß die Wienerin in Gesellschaft offen neben ihrem Hausfreund saß. Zu Ende des Jahrhunderts, in der josephinischen Zeit, war der Hausfreund noch genauso präsent.

*

Karoline Pichler weiß in diesem Zusammenhang folgendes zu berichten:

»Sehr viele, ja die meisten jungen hübschen Frauen unter dem ersten und zweiten Adel hatten verliebte Verhältnisse mit andern Männern, oft mit solchen, die ihren eigenen Frauen untreu, aber dabei wohl überzeugt waren, daß auch diese sich ihrerseits zu entschädigen nicht versäumten. Bei vielen war es Sache des Herzens oder der Eitelkeit, der Mode, wenn man will, bei manchen lag eine niedrigere Absicht zugrunde und man nannte die Summen, für welche jene oder diese ihre Treue, ihre Ehre, ihr Bewußtsein an irgend einen reichen Wollüstling verkauft hatte. Bei manchen Ehen war der eigene Mann verworfen genug um den Handel selbst zu schließen, bei den meisten, wenn auch dies Ärgste nicht geschah, schloß er freiwillig die Augen vor dem Aufwand, der in seinem Hause herrschte und den seine Einkünfte zu beschaffen, nicht imstande waren, den er sich aber wohl gefallen ließ und mitgenoß.«

*

Die Wienerin störte das Gerede nicht im geringsten. Schönheit verpflichtet, dachte sie vergnügt, man lebt nur einmal und nach dem Tod freut einen das Leben nicht mehr. Daher kaufte sie schöne Federn, Perlen, Spitzen, Bänder, Seiden und Mousseline und was den feinen Damen recht war, war den andern billig.

»Politische Rechner versichern, daß in Wien jährlich 16 bis 17 Millionen Gulden zirkulieren«, schreibt einer, der es wissen muß, sein Name ist wieder einmal – Rautenstrauch, »von denen allein zwei Drittel durch Pracht und Aufwand in Umlauf gesetzt werden.« Nicht nur von Damen der Gesellschaft und ihren Stubenmädchen, nein, auch von öffentlichen Buhlerinnen, die teuer gekleidet, am Graben, Kohlmarkt und am Hof, »wie Giftschnepfen, schaarenweise angeflogen kommen, einige in der Tracht redlicher Bürgerstöchter, andere im Putz gnädiger Frauen, und Fräuleins, einige als Stubenmädchen, andere als Wäscherinnen. Man kann die Summe, welche jährlich an ähnliche Kreaturen verschwendet wird sicher auf ein paar Millionen schätzen ... all dieses Geld kommt an die Galanteriehändler, Putzmacherinnen, Lohnkutscher, Wirte und Musikanten. Auch ein großes Maß von Handwerkern lebt allein durch den schnellen Umlauf des Geldes, welchen das liederliche Leben in Gang erhält.«

Somit kam also die Wiener Wirtschaft in Schwung, worüber sich niemand grämte, außer Rautenstrauch, der der Moral verschrieben schien. »Wenigstens zehntausend Weiber gibt es in Wien, die jedem Preis sind. Und ungefähr viertausend, weniger frech, die unterhalten werden und von Zeit zu Zeit in andere Hände kommen.« Das sei entschieden zuviel, meinte der Autor, nachdem er Stuben- und Freudenmädel, Damen und Bürgerstöchter gleichermaßen verteufelt hatte. Doch wann haben je Moralpredigten genützt? Immer wieder fanden arme Wienerinnen reiche Gönner, denn ihr Ruf und der ihrer schönen vollen verführerischen Brust war seit Nandl Baldauf in die hintersten Winkel Europas gedrungen.

Kein Wunder also, daß durchreisende Größen kleine Abstecher in die weichen weißen Arme echter Wienerinnen planten, und so ist unsere Vergangenheit voll amüsanter Anekdoten, wie die folgende, die Graf de la Garde erzählt. Die Geschichte amüsierte nicht nur ganz Wien, sondern auch Paris, wo de la Garde seine Memoiren zuerst veröffentlichte. Sie handelt vom König von Dänemark und Karoline, der hübschen Kurtisane, und spielt zur Glanzzeit des Wiener Kongresses. Damals waren alle gekrönten Häupter samt Hofstaat zu uns gereist – 260 000 Wiener nahmen 100 000 Fremde auf!!!

»Man muß aber auch zugeben«, schreibt der Autor, »daß keine andere Stadt zu diesem denkwürdigen Stelldichein glücklicher gewählt sein konnte: Wien ist wirklich der Mittelpunkt und damals war es die Hauptstadt Europas. Ein Wiener, der es einige Monate vorher verlassen hätte, würde Mühe gehabt haben, sich inmitten dieser neuen, vergoldeten und betitelten Bevölkerung zurecht zu finden, die sich damals auf dem Kongresse drängte.«

Und nach den Konferenzen und Reden, Dokumenten und Debatten, drängten sich die goldenen Herrn hinein ins Leben: Diners, Soupers, Opern, Schauspiele, Bälle, galante Abenteuer. De la Garde verschweigt uns nichts.

*

*** *Karoline und ihr König* ***
(von Comte de la Garde)

Als das Diner zu Ende war, ging jeder hin, wo es ihm einfiel. Zerstreuung zu suchen... Wir begaben uns, einige von den Tischgästen und ich, nach dem Theater der Leopoldstadt, welches zu jener Zeit eines der besuchtesten war. Dort glättete die ernste Diplomatie sehr häufig ihre sorgenvolle Stirn und lachte über die komischen Szenen, welche der Schauspieler Scholz, einer der berühmtesten Komiker seiner Zeit, ihnen zum Ersatz der ernsteren Dramen darbot, deren Plan, Auftritte und Entwicklungen sie selber jeden Morgen entwerfen mußten.

Unter all diesen phlegmatischen Gesichtern zeigte mir einer meiner Nachbarn eine junge Dame, deren blaue Augen, blendende Hautfarbe und Schmuck alles überstrahlte, was sie umgab. »Sehen Sie diese Dame«, sagte er zu mir, »sie ist der Gegenstand des wunderbarsten Zufalles des Glückes. Ihr Name ist Karoline. Gefühlvoll durch ihren Stand und hingebend aus Grundsatz hat sie vor acht Tagen erst die Dunkelheit verlassen, in welcher man sie nicht von den Odalisken hohen Ranges unterscheiden konnte, welche diese Hauptstadt bevölkern. Heute nun ist sie eine von den Strahlen des glänzenden Gestirns des Kongresses. So wie Sie sie da sehen, ist sie fast eine Majestät.« –

»Sie schienen sie vollkommen zu kennen; erklären Sie sich doch etwas deutlicher.«

»Vor acht Tagen gingen drei Franzosen und ich von den Bädern der Diana weg, wo wir gespeist hatten, und gingen zu Karoline, bestellten Punsch bei ihr, wie wir das früher schon getan hatten. Wir vergaßen bald die Regeln der Nüchternheit, und die Folge davon war einiger Lärm, der die Nachbarschaft belästigte, und eine große Verwüstung, die ich beim Weggehen zu bezahlen vergaß. Zwei Tage darauf kehrte ich dahin zurück, um die Unaufmerksamkeit wieder gut zu machen, und die tollen Köpfe meiner Gefährten zu entschuldigen. Ich steige mit dem ungezwungenen Wesen, welches die Kenntnis der Gewohnheiten eines hauses gibt, die Treppe hinauf, trete ein und was seh′ ich im Vorzimmer, einen Kammerherrn im Hofkostüm, der mit dem goldenen Schlüssel an seinem Rocke es sich zur Pflicht macht, mir den Eingang zum Tempel zu versperren. 'Mein Herr,' sagt er zu mir, 'hier dürfen Sie nicht eintreten.' »Der Befehl, mein Herr, kann nicht für mich sein; ich habe nur ein Wort zu sagen und werde es schnell tun.« 'Erlauben Sie, daß der König, mein Herr, vor Ihnen spreche. Seine Majestät ist da und ich bin hier im Dienste.' So zog ich mich denn zurück.

»Aber das ist noch nicht alles. Seine Majestät ist gerade nicht ein hartnäckiger Sprecher und seine Unterhaltung war bald beendigt. In dem Augenblick, wo er im Begriff ist, von dem schönen Kinde Abschied zu nehmen, kommt ein Polizeiagent und bringt einen wie einen Liebesbrief zusammengefalzten Befehl, dessen Bedeutung nicht einen Augenblick zweifelhaft sein konnte. Er war vom Rat Siber, dem Direktor der Wiener Polizei.

'Mamsell,' sagte er, indem er sich an Karolinen wendet, 'der Herr Direktor hat die Klagen Ihrer Nachbarn empfangen über das Geräusch und den Lärm, der vorgestern bei Ihnen stattgefunden hat. Er hat mir den Befehl gegeben, Sie nach seiner Wohnung zu führen, damit Sie sich über Ihr Betragen rechtfertigen.'

»Nun muß man wissen, daß die Wiener Polizei, welche ganz treu an alten Gebräuchen und Gewohnheiten hält, für Personen von dem Geschlecht und der Weltstellung der Mademoiselle Karoline einen gewissen Gebrauch beibehalten hat. Wenn dieselben nämlich für einige Vergehen dieser Art bestraft werden sollen, so unterwirft die Polizei, da sie ganz väterlich ist, die Sünderin einer Züchtigung, wie sie ein erzürnter Vater seinem mutwilligen Kinde angedeihen läßt. Alles geschieht aber mit der exemplarischsten Wohlanständigkeit; eine Frau ist mit dem grausamen Amte beauftragt, das in einem entlegenen Zimmer des Hauses des Polizeidirektors vor sich geht. Das einzige Mittel, die Strenge der Bestrafung einigermaßen zu mildern, hängt bloß von der minderen oder größeren Anzahl Gulden ab, welche die Schuldige in die Hand ihrer Henkerin drückt.

»Der armen Karoline war keine dieser Einzelheiten unbekannt. Bei Ansicht des Polizeiagenten und seines Befehles erbleicht sie; ein Schauer läuft durch alle ihre Glieder und sie sieht schon die rächende Furie mit dem schmachvollen Strafinstrumente bewaffnet; deshalb stürzt sie sich ganz in Tränen schwimmend, zu den Füßen ihres königlichen Anbeters und ruft mit aller Kraft der Furcht, mit einem eindringlicheren, herzzereißenderen Tone, als Marie Mancini, da sie zu Ludwig XIV. die Worte sagte: Sie sind König und ich muß abreisen: –

'Sire, Sie sind König, schützen Sie mich, retten Sie mich!'

»Der Polizeiagent, als er ein gekröntes Haupt erblickt, stutzt; mit einigen Worten ist ihm die Sache auseinandergesetzt, und der Erfolg einer so rührenden Bitte hat nicht lange auf sich warten lassen. Mit der einen Hand hebt der König die schöne Weinende auf und winkt mit der anderen gegen den verdutzten Boten.

'Sie können sich zurückziehen. Madame gehört zu meinem Hauswesen und sie hat niemandem von ihrem Betragen Rechenschaft zu geben als mir allein.'

»Das Unerwartete gefällt den Königen wie den Frauen; aus diesem Auftritte, der nur eine vorübergehende Laune hätte sein sollen, ist ein wahrer dauerhafter Schutz geworden. Auf diesem Kongresse des Vergnügens wurde alles bald aufs beste abgeschlossen und ohne anderen Bevollmächtigten als die Liebe. Seitdem ist die junge Favorite mit Geschenken von jeder Art geschmückt worden; seine Majestät ist sogar neulich mit ihr auf dem Redoutenball gewesen und hat ihr, bloß von einem leichten Domino umhüllt, den Arm gegeben.«

Ich überließ mich aller Lustigkeit, welche diese so spaßhaft erzählte Geschichte anregte, und versprach dem Erzähler, sie als eine der sonderbarsten Erinnerungen des Kongresses mir zu notieren.

Aber darauf sollten sich die Glückswechsel und das Trübsal Karolinens nicht beschränken. Als der König von Dänemark Wien verließ, um in seine Staaten zurückzukehren, beauftragte er den Bankier seiner verlaßnen Ariadne, die während der ganzen Zeit des Kongresses und mehrere Jahre darauf noch nicht anders als die Königin genannt wurde, jährlich 12 000 Gulden auszubezahlen. Die Erinnerung an den königlichen Zeitvertreib bekam wenige Jahre darauf ohne Zweifel eine andere Richtung und der Bankier M. gab sich die Mühe, selbst zu seiner interessanten Rentnerin zu gehen und ihr anzukündigen, daß den Zahlungsterminen ein Termin gesetzt worden sei. Bei diesem unverhofften Schlage, der für sie so hart war, fiel die Schöne in Ohnmacht, und durch den staunenswerten Zufall fiel sie gerade in die

Arme des galanten Bankiers; und das Mitleid des Finanzmannes war so groß, daß die Pension pünktlich weiter ausgezahlt wurde, ohne daß jedoch die Pensionärin auf dem Budget der geheimen Ausgaben eines der nordischen Höfe zu figurieren brauchte.

*

Soweit de la Garde. Die schöne Wienerin, ob Stubenmädel oder Dame erfreute über Jahrhunderte die Gemüter der ganzen Welt. Auch in der Ringstraßenzeit war sie noch überall präsent: auf Gemälden, Skulpturen, Porzellanfiguren, ihr süßes Gesicht schmückte Hausfassaden, sie lächelte von Deckenfresken, Friesen, man hat den Eindruck, daß die Stadt in ihrer letzten goldenen Blüte nichts anderes im Sinn hatte, als ihren schönen Bewohnerinnen zu huldigen.

Dann kam der Erste Weltkrieg und alles war aus. Die Zerschlagung des reichen Österreich-Ungarn. Vertreibung. Not. Niemand sprach mehr von der schönen Wienerin, weder hier noch anderswo. Der zweite Krieg. Noch mehr Elend. Bomben auf Wien. Und halb Europa hinter Stacheldraht und Mauern, abgeschnitten von der freien Welt, jahrzehntelang. Man sprach nicht viel darüber. Doch man sah es an den Gesichtern. Die Wienerin war nicht mehr Mittelpunkt der feinen Welt. Österreich wurde vergessen. Die Frauen resignierten, aßen zu viel. Damals, nach dem Zweiten Weltkrieg, entstand das geflügelte Wort, daß die Wienerin zwischen drei und fünf Uhr nachmittags im Kaffeehaus ihre Schönheit zugrunde ißt. Die berühmte Figur der Wienerin ging aus dem Leim. Ihre hübsche volle Brust wurde zum Quell- und Quetschbusen der Nachkriegszeit. Bis zum ersten Kind fastete sie brav. Doch kaum kam Nachwuchs, wurde sie dick.

Und heute? Heute ist die schlimmste Zeit vorbei. Wien ist nicht mehr Kampfplatz zwischen Ost und West. Das Resultat? Plötzlich ist sie wieder schön, die Wienerin! Lächelnd, unbeschwert, vollschlank, frisch. Nie um ein amüsantes Wort verlegen. Nicht gekünstelt, dafür voll natürlichen Charmes. Und sie setzt sich wieder durch in der Welt. Ihre zweite große Zeit ist im Kommen.

Was sagt Friedrich Uhl zu diesem Thema? Er kannte die Frauen, bereiste die Welt, lebte in Paris. Folgendes schrieb er über die Wienerin im Jahre 1908. Man darf sich heute noch darüber freuen:

*

»Ich soll die Wienerin schildern? Ich habe es schon vor Jahr und Tag getan; hier gebe ich das Bild, hie und da etwas retuschiert. Es wurde in der letzten Zeit viel von der Wienerin gesprochen. Man hat sie auch auf die Bühne gebracht. Waren es aber Wienerinnen? Das ist nicht so leicht zu beantworten, ist doch das Weib überhaupt ein ewiges Rätsel, und die Wienerin ist ein Weib und noch etwas dazu, etwas Unbestimmtes und doch Hör- und Sichtbares. Sie ist eine Mischung mehrerer Elemente, aus denen aber das große chemische Laboratorium des Lebens etwas Ganzes, Volles, Schönes, Einheitliches hervorgebracht hat: die Wienerin.

Woran erkennt man die Wienerin? An ihrem »Wachstum«! Das ist mehr als schöner Wuchs. Es bedeutet vollen Wuchs. Die Wienerin hat alles, was Menschen-Begehr. Die Venus von Milo allerdings darf man nicht verlangen; die ist ideal, von Marmor und besitzt keinen Arm. Und von beiden Armen umfangen, an den vollen Busen gedrückt und, wie der Wiener sagt, herzhaft »abgeschmatzt« zu werden, das ist die Sehnsucht, die den Fremden erfaßt und den Wiener auch, wenn er eine Wienerin sich auf der Ringstraße wiegen sieht.

Die Pariserin trippelt und tänzelt, die Wienerin geht, wiegt sich und tanzt, obwohl sie auch bei schlechtem Wetter das Kleidchen zu heben versteht, zum trockenen Stein springt und dabei nach rechts und links und rückwärts flüchtige Blicke wirft. Die Wienerin geht Musik, ist sie doch bei Johann Strauß aufgewachsen; der Gang der Pariserin ist Causerie, höchstens Quadrilleschritt. Die Pariserin dekolletiert tief den Nacken, die Wienerin die Brust. Wer da bei der heutigen Mode der Blusen ... Wunder(Busen) sehen will, der wandle über die Ringstraße oder noch besser in den Hauptgassen der Vorstädte, wenn er nicht gar den vollbesetzten Tramwaywagen besteigen will. Seit langen Jahren hat man die Wienerin nicht so leicht erkannt, wie in den letzten Jahren.

Zwei Frauentypen, nach Großstädten benannt, haben sich im Laufe der Jahre festgestellt: die Pariserin und die Wienerin; ansonst spricht man von Deutschen, Engländerinnen, Spanierinnen, Ungarinnen, Italienerinnen usw. Beide Städte, Paris und Wien, haben viel fremdes Blut aufgenommen, verschiedenster Art. Gute Kreuzung erzeugt Halbblut von besonderer Qualität. In Paris herrscht die Grazie der Hageren, in Wien die sanfte Anmut der Vollen vor ...

Schauen kann die Wienerin, das ist zum Verführtwerden. Wenn auch der Mund oft nein sagt, das Auge sagt fast immer ja. Wenn sie liebt, nimmt sie sich nicht in acht. Sie liebt wie eine Ungarin und denkt

… wie eine Wienerin. Sie ist bei Weinduft und Alpenluft aufgewachsen, zwischen Reben, die hie und da von Pfirsichbäumen überdacht werden, deren Früchte das Kolorit der Pastellbilder tragen.

Die Schönheit der Wienerin ist schon in früheren Zeiten geschätzt und gewürdigt worden, um mit den hochweisen Akademikern zu reden …

Die Wienerin ist das Weib … Eva.«

Kapitel 5

DIE HEIMLICHE EHE DER LULU VON THÜRHEIM

Als Schriftsteller interessiert man sich für alles was seltsam, schwierig, ungewöhnlich, geheimnisvoll und erhebend ist. Findet man eine Person, deren Leben dies alles vereint, schreibt man gewöhnlich einen Roman über sie. Handelt es sich um jemand, der ebenfalls schrieb, wird das ganze noch spannender. Aus diesem Grunde las ich mit Begeisterung die Memoiren der schönen Lulu von Thürheim, eine geborene Oberösterreicherin wie ich, die Wienerin wurde mit Leib und Seele und allem was sonst noch dazugehört. Sie lebte zur selben Zeit wie Karoline Pichler, eine der fleißigsten Autorinnen des Biedermeier, nur kam sie aus einer hochadeligen Familie, was man ihr in unserem Jahrhundert zum Vorwurf machte. Die Thürheim wurde nicht gelesen, nicht gelehrt, obwohl sie es an Talent, Geist, Humor und Gefühl mit jedem Mann aufnehmen kann. Sie berichte, warf man ihr vor, nur über das Leben in ihren Kreisen. Worüber aber hätte sie sonst glaubwürdig schreiben sollen? Jedenfalls war man im 19. Jahrhundert nicht so borniert, kaum war sie tot, lobte man ihr Werk als kulturhistorisches Dokument, das eifrig gelesen und empfohlen wurde, was ich nur wiederholen kann. Es wäre höchste Zeit, ihre Schriften als Neuauflage herauszubringen, denn derzeit kann man sich nur in Bibliotheken an ihnen erfreuen.

Ich liebe geistreiche Menschen und Lulu gehört dazu. In allem, was sie tat war sie originell. Äußerst begabt für Malerei, Gesang und Literatur, sah man auf den ersten Blick, daß sie anders war als die Durchschnittstochter der Hohen Häuser, und woran? An ihrem Blick, ihrer Gestik, aber auch an ihrem Schmuck. So trug sie immer ein goldenes Stirnkettchen mit Anhänger oder Medaillon, das zwischen den Brauen lag, genau dort, wo sich laut indischer Religion das 3. Auge befindet. Es war eine auffallende Art sich zu schmücken, sie war die erste, wie man von den Bildern weiß. Später wurde es ihr nachgemacht. Ja, sie war eben Malerin, Künstlerin, enfant terrible. Ich hätte sie gerne gekannt.

Lulu wurde in Schwertberg geboren, hatte einen Bruder und vier Schwestern, jedoch wenig Geld. Alle fünf waren daher auf gute Partien angewiesen, sie machten sie auch prompt, bis auf Lulu. Lulu wartete auf die große Liebe. Ihre Schwester Josephine hatte einen

Contarini geheiratet, aus dem berühmten venezianischen Dogengeschlecht. Sie lebte bei Hofe und alle beneideten sie darum. Außer Lulu. Sie sah hinter die Kulissen.

Hier ein Brief, von Schwester zu Schwester, worin sich Josephine über die langweiligen Hofbälle beklagt:

»Ach, wie langweilig ist so ein Hofball! Man gab ihn zu Ehren des Prinzen und der Prinzessin von Toskana, die seit einigen Wochen hier weilen. Da aber in Wien noch wenig Leute der Gesellschaft und die Tänzer auf Jagden sind, so glich der Ball so ziemlich dem evangelischen Mahl, nur die Lahmen und Einäugigen waren zugegen. Von 25–30 Tänzern kaum sechs Bekannte, sie kamen alle direkt aus der Kinderstube heraus. Von den Damen war es Nany (Weveld), mit der ich sehr liiert war und die ich nicht verließ. Ich trat mit Goeß allein ein, Du hättest das nicht für eine Million getan! Doch war dies noch das wenigst Traurigste. Die Kaiserin kam punkt 7 Uhr, alle Damen waren noch nicht versammelt, ein unglückseliger Zufall fand mich knapp an der Türe, durch die der Hof eintrat.

Da nun der Cercle sofort begann, so war ich eine der ersten, die angesprochen wurde, und eine der letzten, die den Platz verlassen durften, während meine später gekommenen Bekannten einfach im Tanzsaale geblieben waren. Der Cercle dauerte 1 1/2 Stunden. Du kannst Dir ausdenken, ob das unterhaltend war! Der Rest des Abends war es auch nicht mehr. Nur mit dem »Feldherr« amüsierte ich mich eine Weile. Er spricht immer von Dir, ein Thema, das uns alle gleicherweise interessiert. Die Kaiserin erkundigte sich nach Rasumoffsky und Konstantine und fügte einige schmeichelhafte Phrasen hinzu.

Die Erbprinzessin von Toskana ist für eine Erzherzogin ziemlich liebenswürdig und sie wäre auch leidlich hübsch, wenn sie nicht so schief gewachsen wäre. Sie tanzte eine Mazurka recht graziös, diesen seit König August in Sachsen üblichen Hoftanz (Du weißt, sie ist eine Prinzessin von Sachsen). Ihr Gemahl hat eine lächerliche Figur, doch er ist höflich und gesprächig, so daß man darauf vergißt, da er ähnelt »á ces Polichinels de loques, qu se plantent tous nus«. Die Herzogin von Württemberg, ebenso wie ihre Tochter, erschienen auch auf dem Balle, man beklagt sich sehr über ihren Hochmut. Die Tochter gefällt auch nicht, da sie stolz und spöttisch ist, ihre Projekte auf Louis (Liechtenstein) schlugen völlig fehl, wie es scheint. Die Liechtensteins fürchten ihre Prätentionen, und Louis soll gesagt haben, er wolle keine Frau, die ihn durch ihre Hand besonders zu ehren glaube. Selina erzählte mir, er reise nach Frankreich und England ...«

*

Doch Josephine langweilte sich nicht nur bei Hofe, sie hatte ein viel größeres Problem, das sie strengstens geheim hielt – bis Lulu durch geschicktes Fragen dahinter kam:

Der edle Nachkomme der Dogen, um den ganz Wien Josephine beneidete, versagte im Schlafzimmer. Er versuchte nicht einmal sich ihr zu nähern. Er würde all dies nachholen, vertröstete er sie, sowie ihm der Kaiser einen Posten verschaffen könne, der ihrer beider würdig sei. Langer Rede kurzer Sinn: Jahre später war Josephine immer noch Jungfrau, daher auch kinderlos, doch darüber später mehr.

Lulu veröffentlichte Josephines Brief in ihren Memoiren und ergänzte ihn durch ein amüsantes Detail, das ich nicht verschweigen will. Unsere Männer werden immer eitler? Früher war es noch viel schlimmer, man höre und staune: »Kein Brief Josephines«, schreibt Lulu von Thürheim, »der nicht irgendeinen Todesfall anzeigt, der jüngste des armen kleinen Prinzen (Friedrich Albert) von Hohenzollern ist wohl der frappanteste ... er starb im Alter von 26 Jahren, plötzlich am Schlagflusse, man sagt, weil er sich zu viel schnürte und fast nichts aß, aus Furcht dick zu werden!!!«

Auch die Ehe ihrer Schwester Konstantine bestätigte Lulu in ihrem Vorsatz nur aus Liebe zu heiraten oder gar nicht. Konstantine wurde auf Drängen ihrer Eltern und Verwandten die Braut des steinreichen, schwierigen, um vieles älteren russischen Fürsten Rasumoffsky, der in der Landstraße ein herrliches Palais mit Park bewohnte. Das äußere Gepränge war überwältigend, doch die Liebe fehlte und daher das Glück, Konstantine wurde leidend, melancholisch, später sogar verrückt, dafür war sie Fürstin und Lulu nur ein Fräulein Thürheim. Doch Lulu genügte das. Sie wartete auf die große, echte, selbstlose Liebe und da sie sehr schön war, ließ sie sich Zeit. Mit 43 war sie noch immer unvermählt, hatte zwar ihre Schönheit behalten, doch ihre Illusionen verloren und war zu Konstantine in ihr fürstliches Palais gezogen. Da geschah es!

Charles Thirion, der französiche Sekretär Rasumoffskys, 27 Jahr alt, mit sanfter Stimme und melancholischem Charme, verliebte sich in sie und schwor, nie einer anderen gehören zu wollen. Er schrieb Briefe und Gedichte, brachte Blumen und Bonbons, ließ sie sein

Tagebuch lesen, lief um Mitternacht zum Apotheker, als Lulu bei einer Soirée, sie war in Zugluft gesessen, einen steifen Hals bekam, nein, keine Gelegenheit ließ er aus, um sie in sich verliebt zu machen. Doch es hätte nichts genützt, wäre ihm nicht die Cholera zu Hilfe gekommen.

Lulu wußte, daß ein Verhältnis mit Charles sie gesellschaftlich ruinieren würde. Daß ihre Schwester und ihr Schwager, von deren Geld sie lebte, niemals einer Ehe zustimmen würden. Charles wußte es auch, doch er gab nicht nach. Da brach im Herbst 1831 in Wien die Cholera aus. Die Familie Rasumoffsky, der gesamte Haushalt, die Dienerschaft, flüchteten zuerst nach Krummnußbaum, nach Baden und schließlich sogar nach München. Dort wollte man das Ende der Epidemie abwarten. Man wohnte fürstlich, im Palais Preysing, empfing Freunde und Bekannte, ging in Gesellschaft, und wartete bangen Herzens auf Post. Denn die Grenze nach Österreich war von einem Militärkordon gesperrt – kein Kranker sollte ins Land gelangen – und die Schreckensnachricht war gekommen, daß die Cholera bereits aus den Vorstädten nach Wien selbst gedrungen war!

»Lange Zeit hatte man geglaubt«, schreibt Lulu, »die Bösartigkeit der Seuche würde durch das gesunde Klima und durch die besseren sanitären Maßnahmen der Zivilisation gemildert werden. Dies war jedoch nur eine Finte des schlauen Feindes des Menschengeschlechtes. In einer Nacht erwachte er bösartiger denn je, 160 Personen waren seine ersten Opfer. Seither setzte er seine Verheerung mitleidlos fort. Keine Rangklasse, kein Alter blieb verschont. Bis in die obersten Stände, wo Männer, junge Frauen und Greise erlagen, drang sein erbarmungsloses Würgen. Meine arme Schwester Isabella sah ihre 14jährige Nichte an ihrer Seite erkranken. Glücklicherweise rettete ihre sorgsame Pflege der jungen Verwandten das Leben. Welche Todesangst mußte sie jedoch um ihren Sohn und sich selbst ausstehen? O Gott, wie schrecklich ist das alles! Jede eintreffende Post macht mich erzittern und unsere Unruhe konnte sich erst bis zur nächsten Post legen ...«

Unter diesen Umständen gedieh die Liebe. Charles wich nicht mehr aus Lulus Nähe. Wer weiß, vielleicht würde die Seuche nach München gelangen? Vielleicht waren sie alle bereits dem Tod geweiht? Charles war morbide. Etliche Selbstmordversuche hatte er bereits unternommen, mit Gift, mit einem Messer, das er sich ins Herz, oder besser, daneben gerammt hatte. Schon lange ehe er nach Wien gekommen war, litt er an Geldnot und Lebensüberdruß. Tatsachen, die er gekonnt vor Lulu verschwieg.

Cholera! Lebensgefahr! Es gab keine Zeit zu verlieren. Was sind Geldnot, Standes- und 17 Jahre Altersunterschied im Angesicht etwaigen Todes? Verschwindende Nichtigkeiten. Lulu fühlte ähnlich. Charles ging aufs Ganze. Er hatte rührende Einfälle, unwiderstehlich: »Am Tage nach unserer Ankunft in München«, schreibt Lulu, »es war der 25. August und mein Namenstag, brachte mir Charles ehrerbietig ein Bukett. Ich trug es einige Stunden, dann war es welk und ich warf es weg. Als ich aber gegen Abend mein Tagebuch öffnete, um eine Stelle zu suchen, entdeckte ich einige kleine Vergißmeinnicht aus dem Bukett, die unversehens zwischen die Blätter geglitten waren ... diese demütige Mahnung, ihn nicht zu vergessen, hatte etwas Rührendes an sich.«

Knapp zwei Monate später, im Rekordtempo für damalige Begriffe, kam es zum ersten Kuß. Lulu berichtet:

»Am 17. Oktober war ich mit Charles allein zu Hause geblieben, während Rasumoffsky und Konstantine Besuche machten. Seit einiger Zeit hatte seine Liebe eine wirkliche Siedehitze erreicht. Ich war so unklug, seinen stürmischen Liebesbeteuerungen mein Ohr zu leihen ... ach, kann man der Flamme ungestraft zu nahe kommen? Plötzlich fühlte ich mein Herz heftig schlagen, ich wollte mich entfernen, aber da lag er schon zu meinen Füßen, er hielt meine Hände, die er mit Küssen bedeckte. Ich machte eine unwillkürliche Bewegung – da berührten seine Lippen die meinigen. Es war nur ein Augenblick, aber ach! Ich stieß Charles *nicht* zurück! Gleich darauf hatte er meine flehende Geste verstanden und sich entfernt. Ich blieb vernichtet zurück.«

Von da an begann Lulu Charles zu lieben. Das Biedermeier war eine gesellige Zeit. Jeden Abend wurde musiziert, gesungen, Theater gespielt. Jedes noch so kleine Palais besaß einen Ball- und einen Theatersaal, natürlich auch das Palais Preysing, man traf einander festlich gekleidet, flirtete, während man spielte und sang. Für Charles und Lulu begann eine schöne Zeit.

»Am 3. Dezember spielten Charles und ich zusammen Theater«, schreibt Lulu, »wie schön war er in seinem Kostüm Louis XIV. Er sang entzückend und seine Stimme hatte etwas so Harmonisches, Süßes. Man bewunderte ihn, man klatschte Beifall. Ich hatte Lust, laut aufzuschreien vor lauter Wonne. An diesem Tag liebte ich ihn wirklich. Und er, er spielte nur für mich, und als ich ihn am nächsten Morgen zu meinen Füßen sah, da erschien er mir noch schöner als am Vorabende. Sein engelsgleiches, von Tränen benetztes Auge glänzte noch inniger und ich wiederholte mir immer wieder: Wodurch verdiene ich so viel Liebe, so viel Glück, das er mir gibt?«

Charles überzeugte Lulu in kürzester Zeit, daß er ohne sie nicht mehr leben könne. Lulu begann über eine Ehe nachzudenken. Ich lasse sie selbst den Fortgang der Geschichte erzählen. Man beachte den lebendigen Stil, ihre Leichtigkeit sich auszudrücken. Und doch wurde dies vor 160 Jahren geschrieben. Unglaublich modern wirken ihre Ansichten über Liebe und Ehe, die sie damals bereits niederzuschreiben wagte. Sie nennt sie sogar »vielleicht übertrieben«, stand sie doch allein auf weiter Flur, da alle Töchter aus guter Familie dazu erzogen waren, Vernunftsheiraten einzugehen. Auch Lulu hatte von Eltern und Gouvernanten die Vorteile der »Pflicht-Ehe« eingebleut erhalten. Trotzdem hörte sie auf ihr Herz.

*

*** *Meine Verlobung und die Ereignisse vor meiner Heirat* ***
(von Lulu von Thürheim)

Am 21. Januar 1832 wohnte ich der Hochzeit der Comtesse Spiegel mit Graf Hompesch bei. Ihrer Mutter, die dadurch ihre einzige Tochter verlor, brach fast das Herz, aber sie bezwang ihren Schmerz. Die Braut war sehr blaß und ihre feuchten Augen richteten sich oft und ängstlich auf ihre Mutter, ohne jedoch Tränen, wie sie die Gelegenheit forderte, zu vergießen. Die Hochzeitsgäste machten alle mehr oder minder traurige Gesichter, und zwei Freunde der Familie hörten nicht auf, während der ganzen Zeremonie ihr Taschentuch zur Nase zu führen. Ich selbst hatte trockene Augen und zeigte eine gleichgültige Miene, aber welch tiefe Gedanken bewegten mein Herz!

»Wahrlich, es ist eine sehr feierliche und furchteinflößende Handlung, die zwei gebrechliche und unbeständige Wesen für ein ganzes Leben aneinanderfesselt – denn was ist die menschliche Natur anderes, als Gebrechlichkeit und Wankelmut! Sie, deren Bestimmung es ist, von der Wiege bis zum Grabe sich ständig zu verändern, sie sehen wir hier ein ewiges, ein unabänderliches Band knüpfen. Sind denn diese Schwüre, welche sie aussprechen, ohne selbst ihren Umfang erfaßt zu haben, nicht vielleicht der stärkste Beweis für ihre Inkonsequenz, für ihren Leichtsinn? Versprechen, sich immer zu lieben, während es ihnen ebenso unmöglich wäre, auch nur um eine Stunde ein erlöschendes Gefühl zu verlängern, auch nur um eine Sekunde die Zeit aufzuhalten, die es abkühlt. Ach, schwöret euch lieber, immer treu zu sein, alle eure Fähigkeiten aufzuwenden, um einer des anderen Glück zu machen, welche Hindernisse sich dem auch entgegentürmen mögen, aber versprecht nicht, euch ewig zu lieben, da ihr so geringe Chancen habt, stets liebenswert, stets liebend zu bleiben!

Gott setzte die Ehe ein, um die Liebe zu heiligen und ihr die Tugend nachfolgen zu lassen; die Menschen haben die Liebe und die Tugend herabgesetzt, indem sie beide zu Sklaven der Konvenienzen und der gesellschaftlichen Vorurteile machten.

Meine Ideen über die Ehe sind vielleicht übertrieben, doch fand ich in einer Vernunftheirat immer etwas Immoralisches, besonders für die Frau. Ist denn ein so großer Unterschied zwischen einer Frau, die ihren Leib verkauft und derjenigen, welche sich einem Gatten hingibt, den sie nicht liebt? Ist es nicht ein Handel, dessen Bedingungen in einem Kontrakte stipuliert sind? Ist einer von ihnen aber weniger sträflich, so sind doch beide in gleicher Weise für ein zartfühlendes Herz empörend. Wie? Das junge, schüchterne Mädchen, das seinem Verehrer selbst nur einen Kuß verweigern würde, sollte sich bloß des Geldes wegen einem Gleichgültigen, vielleicht einem Unbekannten hingeben? Sie sollte jene Würde der Sittsamkeit, die die Natur in das Herz jeder Frau legte, damit sie sich, dazu bestimmt, die Gefährtin des Herrn der Welt zu werden, ihm auch ebenbürtig fühle, verleugnen? Sie sollte diesen Mann, der von ihr nichts bewilligt bekommen hätte, alles jedoch von ihr erkaufte, nicht ohne Erröten anblicken müssen? O Gott, wie schimpflich sind diese Gefühle, wie weit ist es da noch bis zu der Hingebung und Liebe, die aus einer Gattin eine Geliebte machen!

Die Männer andererseits, wie wären sie klug, wenn sie ihre Gattenrolle unter der Maske des Liebhabers verbürgen, wenn sie sich stets vor Augen hielten, daß der leidenschaftliche Liebhaber, der zagend und bebend um die geringste Gunstbezeugung bettelt, immer viel mehr im Vorteil einem Manne gegenüber sei, der das Schlafzimmer einer Frau mit der Pfeife im Munde und dem Hut auf dem Kopfe betritt! –

Der Weg, den die Tugend wandeln soll, ist nicht immer die ausgetretene Straße, welche die Allgemeinheit beschreitet; es gibt einsame, steile Pfade, die sie jenen Seelen weist, die kaltblütig dem Unbekannten, Ungewöhnlichen, ja selbst der Gefahr ins Auge zu sehen vermögen. Die Pflicht steht nicht immer in den Gesetzbücher, sie liegt auch oft in den Verhältnissen und der führerlose Mensch muß auf jene Stimme horchen, die ihm aus seinem Innern stets die Wahrheit zuruft.

Sehen wir, was sie mir zurief! Dem Manne gegenüber, der mir sein ganzes Leben widmete – ihn nicht zu verlassen, mir selbst gegenüber – mich nicht länger den Gefahren eines zu vertrauten Verhältnisses auszusetzen, meiner Familie gegenüber – ihr weder Schande noch Kummer zu verursachen. Dies waren meine Pflichten, fremder Rat war hier schwierig. Ich wog diese Pflichten gewissenhaft gegeneinander ab und unterbreitete sie einem ebenso aufgeklärten wie tugendhaften Priester. Es war dies der Ordensgeistliche Don Alessandro, dem ich fünf Jahre später in Venedig mein lebensmüdes Herz eröffnete. Was er mir riet, war folgendes: »Um eine ehrliche Seele, die bei Ihnen einen Hafen für ihre Tugend gefunden, nicht in die Nacht der Vereinsamung hinauszustoßen, um aber auch andererseits Ihre Tugend nicht zu gefährden, gibt es ein von Gott geheiligtes Mittel, die Ehe. Um ferner weder die Gefühle, noch den Stolz Ihrer Familie zu verletzen, kann diese Heirat geheim bleiben.« …

Don Alessandro riet mir, in München zu heiraten, in Wien würden die Schwierigkeiten, um die Ehe zu einer legalen zu machen, beinahe unübersteigliche sein. Hier jedoch könnte sie in aller Verborgenheit und doch rechtskräftig unter angenommenen Namen vor sich gehen. Unser Geheimnis würde undurchdringlich bleiben, außer wir wünschten später selbst einmal, seinen Schleier zu lüften. Diese Überlegung veranlaßte mich, eine Gelegenheit nicht zu versäumen, wie sie sich so bald nicht wieder darbieten würde. Ich beschloß demnach, mich mit Charles vor Gott und seiner Kirche in wenigen Tagen zu vereinigen. Die Klugheit gebot jedoch, daß ich seine wirkliche Frau nicht früher würde, als bis es nicht die Umstände ohne Gefahr für meinen Ruf gestatteten. Das würde wohl noch lange dauern, aber Charles fügte sich dieser Bedingung und gab mir sein Wort darauf, daß er sie respektieren werde. Dies war schön ausgedacht – aber nur ein Traum, nur eine Chimäre! …

Und am 10. Februar wurde dieser schöne Traum jähe unterbrochen! An diesem Morgen trat Charles ziemlich spät in mein Zimmer, seine Blässe, die mir schon im Salon aufgefallen war, prophezeite mir Unheil. Er ließ sich unter Tränen auf einen Sessel fallen. Und wirklich, es war das größte Unglück über ihn gekommen, – seine Ehre war gefährdet! Eine unselige Formalität, welche für unsere Heirat in München ein unübersteigliches Hindernis bildete, die Angst, noch Ärger in Wien zu finden, die entsetzliche Furcht, mich ganz zu verlieren, ließen ihn eine Handlung begehen, die seine Unvorsichtigkeit dann verriet. Die Münchener Polizei hatte nämlich den Heiratskonsens verweigert, wenn er nicht die schriftliche Erlaubnis Rasumoffskys hiezu beibringe und Charles hatte die Unterschrift meines Schwagers gefälscht. Ohne mich irgendwie zu kompromittieren, hatte er sein Unrecht und einen Teil der Wahrhheit dem Fürsten eingestanden, der an die Reinheit seiner Motive nicht glauben wollte und ihn für einen unehrlichen Menschen hielt. Trotzdem versprach er, ihn nicht ins Verderben stürzen zu wollen. Und dennoch zog er den russischen Gesandten Potemkin ins Vertrauen. Hatte Rasumoffsky die Folgen seiner Indiskretion nicht bedacht? Konnte das Alter jenen Edelmut verwischt haben, den er früher so oft an den Tag gelegt? Wie vermochte er einen jungen Mann für seinen ersten Fehler, welcher nur in einer Formalität bestand und keinerlei schädliche Folgen nach sich gezogen, in einen Abgrund zu stürzen, ihm seine Ehre zu nehmen? Ich fühlte mich zerschmettert, um so mehr, als Charles ja nur aus Liebe zu mir so gehandelt hatte. Als er mich kennen lernte, besaß er nur seine Ehre und diese nahm ich ihm.

Ich hatte dann eine Unterredung mit Rasumoffsky, ich sagte ihm, daß ich Charles' Motive kenne, daß ich auf Ehre zu beweisen vermöchte, wie edel seine Absichten gewesen, kurz ich tat alles, um das Herz meines Schwagers zu rühren. Allerdings konnte ich die ganze Wahrheit nicht sagen, da sie meinem Charles, namentlich für seine Zukunft, geschadet haben würde. Trotz aller Bemühungen fand ich bei Rasumoffsky kein Verständnis, er blieb überzeugt, daß ein häßliches Motiv Charles bei dieser unehrenhaften Handlung geleitet habe, obgleich er davon doch keinen Nutzen hätte ziehen können, außer nach dem Tode meines Schwagers. Ich war verzweifelt, ich war ratlos!

Aber Gott erleuchtete mich. Zwei Tage hindurch war ich dazu verurteilt, Charles' Schmerz mitzuempfinden, ihm mit dem Entschlusse, zu sterben, ringen zu sehen, zwei Tage verbrachte ich im Salon – er hatte sich krank gemeldet – wahre Marterstunden, ich mußte lächeln, den Dolch im Herzen, und wenn ich allein war, so rief ich, fast mit lauter Stimme, nach der Ehre meines unglücklichen Freundes. Endlich vermochte ich zu beten, Gott hatte Mitleid mit mir. Eine Stimme rief mir plötzlich zu: Wenn du ihnen die ganze Wahrheit geständest, sie müßten dann überzeugt sein, daß nur die Liebe allein das Motiv seiner Handlung war, sie müßten es verstehen, daß kein anderes Interesse ihn leiten konnte, als seine Leidenschaft für mich. Ich schrie vor Freude fast laut auf. Was galt mir meine Reputation, wenn ich damit die seine retten konnte, Ehre für Ehre! Ich war entschlossen und schlief ruhig ein.

Am anderen Morgen ging ich zu Rasumoffsky und gestand ihm alles, seine Liebe, unser Heiratsprojekt, die fatale Formalität, welche die Unterschrift erheischte, – kurz ich nahm meinen Schwager auch die letzte ungünstige Meinung über die Ehrenhaftigkeit meines Charles. Er erkannte sogar seinen ganzen Edelmut an, da er die Diskretion so weit getrieben, mich in keiner Weise zu kompromittieren. Ich bat ihn sodann, das Verhalten Charles' in den Augen Potemkins und eines Mannes zu rechtfertigen, der auch von dieser Angelegenheit wußte. Ich hoffte, er würde es tun können, ohne mich hineinzuziehen, indem er einfach sein Ehrenwort gab ...

Das Resultat dieser Unterredung war, daß mein Schwager zuerst von mir verlangte, daß ich Charles nie heiraten werde. Als ich dies verweigerte, forderte er mein Versprechen, wenigstens nie in München mich zu vermählen. Dieses gab ich ihm. Er wußte ganz gut, daß es in Wien unmöglich sein werde. Thirion sollte mit uns nach Wien zurückkehren und so lange bei Rasumoffsky bleiben, bis dieser einen passenden Ersatz gefunden hätte. Dann sollte er nach Frankreich reisen. So endete denn mein kurzer Traum, das Erwachen daraus war traurig, – aber hatte ich denn nicht an der Dankbarkeit meines einzigen Freundes unendlichen Lohn genug. Ich beklagte mich nicht!

Konstantine erfuhr von alledem nichts. Sie wußte nur, daß ihr Gemahl mit Charles und mir eine Auseinandersetzung hatte und daß Thirion uns verlassen sollte, um meinen Ruf durch seine Leidenschaft nicht zu schädigen. Sie verurteilte damals das Benehmen ihres Mannes; sie würde es nicht getan haben – die Zukunft gab mir recht – wenn sie die ganze Wahrheit geahnt hätte!

*

Fürst Rasumoffsky war gegen Lulus Heirat, denn die Thürheims gehörten zu den ältesten Familien Österreichs, die schon unter den Babenbergern geadelt wurden. Lulu und ihre Schwester hatten die begehrten 16 hoffähigen Ahnen. Charles Thirion dagegen keinen einzigen.

Was Rasumoffsky jedoch vergaß, war die Tatsache, daß er selbst von einem Hirtenknaben stammte, der auf Grund seiner herrlichen Stimme den Weg aus der Ukraine in den Kirchenchor der Zarin Elisabeth fand, und schließlich sogar in ihr Bett. Die Kaiserin ging mit ihm eine heimliche Ehe ein, ernannte ihn zum Feldmarschall und überhäufte ihn mit Ehren und Geld.

Um Geschichtskenntnisse aufzufrischen: Es handelt sich um jene Elisabeth Petrowna, Tochter Peter des Großen, die Maria Theresia im österreichischen Erbfolgekrieg mit 37 000 Mann zu Hilfe kam, als Preußen, Spanien, Frankreich, Sardinien und Sachsen die pragmatische Sanktion »vergaßen«, und sich wie Wölfe auf die junge Kaiserin stürzten, um Österreich in Stücke zu reißen.

Andreas Rasumoffsky jedenfalls litt großen Mangel an hoffähigen Ahnen, nicht ganz so arg wie Charles Thirion, doch genug, um päpstlicher zu sein als der Papst. In erster Ehe heiratete er eine Gräfin Thun, die bald das Zeitliche segnete. Im Wiener Kongreß galt er als Liebhaber von Königinnen, obwohl er damals schon 62 war. Dann heiratete er Konstanze mit ihren 16 Ahnen, nein, er war keinesfalls gewillt seinen kleinen Sekretär als Schwager anzuerkennen. Zum Teufel mit Lulus Glück. Alles hat seine Grenzen. Doch der Himmel hilft den Liebenden. Lulu von Thürheim erzählt weiter:

*** *Acht Monate Seligkeit!* ***

Schon hatte ich jeden Gedanken an eine Heirat aufgegeben, bevor wir nicht dazu eine Gelegenheit in Italien gefunden haben würden. Dorthin wollte ich im Winter, unter dem Vorwande, Josephine zu besuchen, reisen; Charles wäre auch gekommen, ich hätte meine Schwester ins Vertrauen gezogen und wir wären in den Kirchenstaat gegangen, wo nichts leichter zu erreichen war, als eine geheime Heirat. Dies waren unsere vagen Träume, die unselige Affäre mit der Unterschrift Rasumoffskys hatte ja die Hoffnung auf eine nahe Vereinigung in München zerstört. Ich ergab mich ohne große Überwindung, aber Charles! Wie war er verzweifelt, er konnte sich nicht darüber trösten, selbst sein Glück zertrümmert zu haben. Er hatte es schon in Händen gehabt, da verschwand es und als die Sehnsucht, die Hoffnung, die Verzweiflung ihn überwältigten, da bot sich ihm wieder eine Gelegenheit, die ihm in der einen Hand das Glück, in der anderen das Vergehen wies, – ach, wer wäre da nicht unterlegen? Es trete derjenige vor, der ihn verurteilen, der zu behaupten vermöchte: Ich hätte die Augen abgewendet, ich wäre nicht gefallen!

Aber ich greife vor! Die Tage vergingen also und wir sollten in einer Woche nach Wien abreisen, die Fastenzeit stand vor der Türe und von einer Heirat konnte dann um so weniger ohne die Erlaubnis meines Schwagers die Rede sein. Es halfen uns jedoch allerlei Zufälligkeiten, die ich in meiner Blindheit und Einfalt als von Gott gesandt ansah. So war der Karneval dieses Jahr besonders lange, so hielt uns eine leichte Indisposition Konstantines länger, wie beabsichtigt, in München zurück.

Eines Tages, es war Donnerstag oder Freitag vor Fastnacht, trat Charles bei mir ein: »Ach,« sagte er und ein Hoffnungsstrahl belebte seine schönen Züge, »wenn du wolltest! – Wir hätten noch 5 Tage Zeit bis zum Aschermittwoch.« – »Welch' ein Unsinn! Und das Versprechen?« – »Ja, für München, aber wir können ja in irgendein Dorf der Umgebung gehen?« – »Und der Polizeikonsens, den man uns ohne die Erlaubnis Rasumoffskys als Bürgschaft verweigerte? – »O, wenn du einverstanden wärest, so würde ich es wiederum versuchen, den Polizeidirektor zu erweichen. Erlaube mir, mit ihm nochmals zu sprechen, ich bitte dich darum! Sieh, wenn wir Bayern unverheiratet verlassen, wirst du mir niemals angehören.« – Nach einigem Hin- und Herreden schläferte ich mein Gewissen durch diesen Ausweg, die Hochzeit in München vermeiden zu können, ein und Charles entfernte sich trunken vor Freude. Ich wollte ihn auch nicht betrüben, ich war ja sicher, daß er von dem übelwollenden Polizeidirektor nichts erlangen werde. Wie war ich daher erstaunt, als er mir, wenige Stunden darauf, die polizeiliche Erlaubnis brachte. – Aber warum stellte ich ihm keine Fragen, warum vertraute ich ihm blindlings, warum hegte ich gar keinen Verdacht, daß er das entscheidende Dokument durch ein unerlaubtes Mittel erlangt haben könnte? Er hätte mir damals alles eingestanden; in München hätte ich alles verhindern, in Wien alles wieder gut machen können! Gott wollte es so, aber ich war schuld an Charles' Fehltritt und an seinem Sühneopfer, 8 Monate später!

Vier Tage, nachdem wir die Erlaubnis bekommen hatten, es war der 5. März 1832, stand ich um 5 Uhr früh auf, zog ein weißes Kleid an und trat aus dem Palais Preysing in den kalten Morgen hinaus. Angiolina trug meinen Schleier und einige Orangenblüten, den einzigen Schmuck, der mich an meinem bedeutungsvollsten, glücklichsten Tage zieren sollte. Meine Seele war ruhig, ich fühlte, daß die Religion und Tugend mir diesen Schritt eingegeben, daß Gott allein mich zum Altare führte und an mir Vater- und Freundesstelle vertrat. Ich wiederholte immer: »Du bist nicht allein, denn der Allmächtige begleitet dich.«

An der Straßenecke wartete ein Wagen, Charles stand daneben, half mir und Angiolina hinein und wir eilten davon. Ich zitterte vor Kälte. Endlich hielt der Wagen vor dem Tor eines Friedhofes, wir schritten hindurch und betraten die kleine Dorfkirche Thalkirchen.

Angiolina befestigte den Schleier und die Blumen an mir und so ging ich am Arme Charles' zum Altar. Ein würdiger Priester traute uns und steckte ihm den Ehering, in den ich die Worte »Eternité commence« hatte eingravieren lassen, an den Finger. Er hat ihn nur an diesem Tage vor dem Altar, vor Gott getragen. Zwei andere Priester und Angiolina waren unsere Zeugen. Ich hatte meinen Pelz entfernt und bebte vor Kälte. Nach der Zeremonie mußten wir zwei Dokumente unterschreiben, hörten die Messe, wobei ich für meinen – Mann und meine Eltern betete und dann kehrten wir in die Stadt zurück. Ich war glücklich, nicht die geringste Sorge zeigte sich an meinem Horizonte. Er preßte mich im Wagen erglühend an sich. Ach! war seine Seele auch so ruhig wie die meinige?

Fünf Tage später wurde ich wirklich – seine Frau, nachdem ich mein trügerisches Hirngespinst vor seinen flehendlichen Bitten in ein Nichts hatte zusammenschrumpfen gesehen. Derselbe Mantel, den er bei der Hochzeit getragen, bedeckte ihn, als ich ihn zum ersten Male des Nachts in meinem Schlafzimmer empfing und den von der Schöpfung gewollten Beweis grenzenlosester Hingabe, die ich ihm am Altare versprochen, geschehen ließ. Welch eine Berauschung liegt in diesem letzten Opfer, das man, wenn keine Reue die eigene Seele trübt, dem Geliebten gewähren darf. Ich durfte diese von Charles so sehr ersehnte Nacht verschenken und doch trug unsere Liebe schon damals den Todeskeim in sich!

Am anderen Morgen frühstückte ich gerade mit Konstantine, als ich hinter mir mit einem eigentümlichen Gefühle der Beklemmung die sanfte Stimme Charles' hörte, der meiner Schwester ein Bukett brachte. Ich wagte es nicht, den Kopf zu wenden aus Frucht, seinen Augen zu begegnen und mich durch ein Erröten zu verraten. Ich fühlte, daß mein Blick ebensoviel Verwirrung zeigen würde, wie in dem seinen Stolz und Glück sich spiegeln mußten.

Unsere Flitterwochen dauerten nur wenige Tage, Rasumoffsky mußte nach Wien zurück und Charles sollte noch einige Zeit in München verbleiben, um Geschäfte seines Chefs zu erledigen. Unsäglich traurig über diese Trennung, mußte ich doch meinen Verwandten gegenüber eine Rolle spielen, die mich im Innersten anwiderte. Kam die Sprache auf ihn, so durfte ich nie seine Partei ergreifen, ohne Argwohn zu erwecken, ich mußte meine Gefühle in mich verschließen und mich zum ersten Male – verstellen.

Endlich, nach 2 Wochen, traf Charles in Wien ein. Unser Wiedersehen war der beste Beweis, wie lieb ich ihn gewonnen. Keinerlei Verpflichtungen einem eigenen Haushalte, den Verwandten und Bekannten, sowie der Welt gegenüber, die sozusagen den letzten Scheier von der ehelichen Liebe wegziehen und unter dem Vorwand der Legitimität nicht einmal vor den Gesetzen der Schamhaftigkeit haltmachen, schränkten unser Glück ein. Jeder neu anbrechende Tag hatte für uns seine ungetrübte Jugendfrische.

Für ein Ehepaar, dessen Glück vor aller Welt verborgen war, bedeutete jeder Tag eine neue Gunst der Liebe oder des Schicksals; die Fesseln und Hindernisse vergoldeten es immer wieder mit neuem Glanze. Die hinausgeschobenen Hoffnungen, die Vorsichtsmaßregeln, die aufreizende Ungewißheit, ja selbst die Gefahren verliehen jedem Augenblicke der Seligkeit die berauschende Befriedigung des Erfolges. Indem sie nichts von der ursprünglichen Wonne einbüßten, blieben die glücklichen Gatten immer ein Liebespaar.

Charles wohnte anfangs im Rasumoffskyschen Palais, später, als er seine Stellung aufgegeben hatte, im Gasthofe zur goldenen Birne auf der Landstraße. Unter dem Vorwande, einen Spaziergang machen zu wollen, besuchte ich ihn manchmal sehr frühe vor seinen Kanzleistunden. Oft lag er da noch im Bette, wenn ich ankam. Dann bereitete ich ihm selbst das Frühstück, lüftete sein Zimmer, warf noch einen Blick in den Spiegel, um zu sehen, ob ich Charles gefallen würde und steckte das kleine Bukett von gestern an die Brust. Mit welcher Zärtlichkeit weihte sein Morgenkuß den Tag ein! Dann frühstückten wir und plauderten. Gegen neun Uhr nahmen wir Abschied voneinander, als gelte es eine lange Trennung. Oft hielt mich Charles auch da noch auf seinen Knien zurück. Und doch ging er nur hinüber, um mit meinem Schwager einige Stunden zu arbeiten. Ich beschäftigte mich einstweilen mit Malerei, Besuche machen oder meinen Schreibereien.

Um 3 Uhr fand ich mich gewöhnlich wieder bei ihm ein, wohl wissend, daß er um diese Zeit frei sei. Kam er dann, so hatte ich sein einfaches Mittagmahl, das er á la carte aus der Herberge bekam, zurechtgestellt und sah fröhlich zu, wie es ihm mundete. Die Sträußchen, welche er jeden Tag brachte, erfüllten das Zimmer mit Wohlgeruch. Nach dem Essen nahm ich den Hut, rief meinen Hund und wir gingen spazieren. Das war der seligste Moment des Tages. Kaum waren wir in den Anlagen außerhalb der Stadt, als ich seinen Arm nahm. Wie war ich stolz auf meinen schönen, jungen Mann, wie erschien mir alles heiter und lächelnd! Jeder Blick der Passanten schien uns freundlich zu grüßen, sicherlich sagten diese Leute: Das sind zwei Glückliche. Die Abendschatten riefen uns dann nach Hause. Charles arbeitete noch an seinem Schreibtische und ich war bei ihm, wenn mich nicht gesellschaftliche Verpflichtungen abhielten. War er noch nicht fertig, so wartete ich ruhig; wenn er aber einmal den Kopf erhob, war er verloren. Ich wußte, daß sein Blick mich rufen würde. Wir ordneten dann die Papiere und Mappen, nahmen den Tee und setzten uns in den Lehnsesseln zurecht. Charles las nun entweder aus Balzac oder Lamartine oder unserer armen Marion etwas vor. »Balzac ist der wahre Maler der Seele,« sagte er immer, »die Seele saß ihm zu allen Stoffen und in allen Lagen Modell.«

Wenn ich meine Liebe zu St. John mit der zu Charles verglich, wenn ich in meinem Tagebuche des Jahres 1827 die wahrheitsgetreue Darstellung meines damaligen unsinnigen und doch so reinen und großmütigen Liebesrausches nachlas, so stieg in meine Wangen unwillkürlich eine Röte auf und ein Schauder, fast ein Ekel trübte das stille Meer der Vergessenheit, worin ich den Namen jenes Elenden seit langem versenkt hatte, für den ich ehemals so viel Leidenschaft verschwendete. Wie war es denn nur möglich, daß ich ihn so lieben konnte, ich, die ich Charles gegenüber jede Wallung, jede Regung meiner Gefühle fast Tropfen für Tropfen abwog, Charles gegenüber, der sich für mich in den Abgrund stürzte, worin er den Tod lauern sah?

Und doch liebte ich ihn von ganzem Herzen und doch verstand niemand auf Erden (ich bin dessen gewiß) mein Herz so gut, wie er, und doch sprach ich zu niemandem so mit meiner innersten Stimme, wie zu ihm! Und auch die seine hatte denselben Akzent, sie war die eines Landsmannes, seine Seele war so voll Poesie, sie lebte nur für mich, sie war von aller Ewigkeit an für mich geschaffen.

Mein Tagebuch vom 22. Mai 1832 ist dafür vielleicht der beste Beweis, wenn es sagt: »Für Liebesleute gibt es wohl keine größere Freude, als sich am Beginne eines neuen Tages zu wissen; er ist ihnen eine neue Wohltat des Glückes. Einer liest in den Augen des anderen ein Versprechen von so viel Hingebung, von so viel beharrlicher zarter Aufmerksamkeit! Dies bedeutet den ersten Sonnenstrahl, den Vorboten eines schönen Tages. – Unsere Morgenspaziergänge sind in der Tat köstlich. Die Natur ist so rein, so freundlich lächelnd, so wohlwollend allen unseren Hoffnungen gegenüber, so verschwenderisch in allen ihren Gaben. Unsere Herzen knospen bei ihrem Anblikke auf glich den Blumen, die uns umgeben, sie strömen ebenfalls einen köstlichen Duft aus. Gestern schritt ich schweigend neben ihm, auf seinen Arm gestützt, wir atmeten eine belebende, balsamische Luft ein und unsere Gedanken gaukelten in der Unermeßlichkeit süßer Empfindungen auf und ab, gleich den Wipfeln der Gebüsche, die der Morgenwind sanft hin und her wiegte. Charles drückte meinen Arm gegen seine Brust und flüsterte mit bewegter Stimme: »O, meine liebe Louise, wie bin ich glücklich!« Seine feuchten Augen sprachen eine noch viel beredtere Sprache und ich, die ich in bezug auf Glück so ungläubig bin, sagte mir in meinem Innern: »Es existiert also doch auf Erden; wie köstlich ist es doch, dazusetzen zu dürfen: 'Ich bin die Spenderin dieses Glückes'.«

Von diesen so reinen Freuden, die ich genoß, wage ich kaum zu sprechen, selbst vor meinem vertrauten Tagebuche. Wer würde nicht über diese Idylle lächeln? Kaum würdet ihr sie einer Zwanzigjährigen nachsehen, ihr Herren und Damen, und doch kann ich euren Salons zuliebe meine Pastoralien nicht ummodeln. Was würdet ihr wohl tun, wenn man euch diesen Wechsel vorschlüge? »Aber in Ihrem Alter!« werdet ihr mir erwidern. – »Richtig, es war etwas spät, doch wer von euch würde mit nüchternem Magen ein köstliches Diner verschmähen – nur weil es bei Sonnenuntergang serviert wurde?«

Ich erinnere mich noch lebhaft eines Balles, den die Gräfin Rasumoffsky in unserem Hause gab; ich langweilte mich zu Tode, nur der Gedanke beruhigte mich, daß ich immer wußte, wo Charles stand und daß ich fühlte, wie seine Augen mich nicht verließen. Endlich konnte ich mich zurückziehen, er war mir schon vorausgegangen. Wie zufrieden sah er aus, wie glücklich und wie hübsch fand er mich! Indem er mich vor einen Spiegel führte, preßte er mich in seine Arme und rief triumphierend aus: »Nun, wirst du noch immer sagen, daß ich jünger sei, wie du?« – Ich hatte damals ein weißes Kleid an, das er mir geschenkt, auf dem Haupte eine ponceaurote Toque mit Federn, die er liebte, und zeigte jenes glückliche Lächeln, das ich ihm verdankte. O ja, an diesem Abende war ich wirklich jung und hübsch! Der Geigenjubel, der zu uns herauftönte, entlockte uns nur ein mitleidiges Lächeln. Wie nichtig, wie schal ist doch die weltliche Freude dem reinen Glück gegenüber! Endlich kam mir der Schlaf, ich wollte Charles entlassen, aber Angiolina, meine Kammerfrau sah unten noch dem Tanze zu und ich konnte meinen Gatten nicht hinabschicken, um die Zofe zu holen, ohne Verdacht zu erregen. Ich mußte mich also darein ergeben, seine Dienste in Anspruch zu nehmen. Gott, wie himmlisch ungeschickt stellte er sich an! Da gab es Knoten an meinem Schnürleib ohne Ende. In meinem Spiegel sehe ich noch seinen hübschen Lockenkopf über meine Schultern gebeugt, seine Haare kitzelten mich, ich mußte lachen. Ach, gibt es auf Erden etwas Köstlicheres, etwas Anmutigeres, als die verschämten Koketterien eines rechtmäßigen und glücklichen Geliebten? Plötzlich hörten wir die Schritte Angiolinas auf dem Korridor. Wie erschrak ich, wie flüchtete er eilends! Ich errötete darüber, daß sie etwa erraten könnte, er sei mir beim Entkleiden behilflich gewesen – und doch war es nur die gute Angiolina, die an mir vor dem Altar Mutterstelle vertreten hatte!

Gibt es Vorahnungen? Wenn wir uns ganz grundlos und im Vollbesitze des Glückes von einem schrecklichen Gefühle der Traurigkeit befallen fühlen, empfindet da die Seele nicht die Anzeichen oder die Nähe einer großen Prüfung? Hier eine Begebenheit, die mir diesen Gedanken eingab. Charles wollte mir eines Morgens – es war in den ersten Monaten unserer Ehe – eine Geschichte vorlesen, die er in einem »Le Docteuer noir« betitelten Buche gelesen hatte. An meinem Zeichentische sitzend, hörte ich zu. Charles sanfte Stimme glitt in harmonischen, eleganten Worten dahin und je weiter er in dieser rührenden Erzählung über die Leiden und den Tod des englischen Dichters Chatterton kam (Thomas Chatterton vergiftete sich aus gekränktem Stolze und in äußerster Not am 25. August 1770), destomehr ergriff sie uns. Als er bei der Katastrophe anlangte, da die junge Anna erfuhr, daß ihr Geliebter sich vergiftet habe, fehlten Charles plötzlich die Worte. In Tränen aufgelöst erhob ich mich und warf mich an seine Brust. So hielten wir uns lange Zeit umschlungen. »Was sind wir doch für Kinder,« sagte ich endlich mit einem Versuche zu lächeln, »was gehen uns diese so lange vergangenen Leiden anderer an; sie können uns doch nicht berühren?« Aber, als ich seine und meine Tränen wegwischte, zitterte meine Hand und mein Herz krampfte sich zusammen. Und er war wohl noch mehr erschüttert und betroffen. War dies keine Vorahnung? Stieg vielleicht damals schon in seiner Seele der Entschluß wie ein bleiches Gespenst herauf, den geschürzten Knoten auf eine schreckliche Weise zu lösen?

Seit nahezu 30 Jahren hatte ich damals mein Tagebuch geführt. Ich hatte seit langem den Entschluß gefaßt, die interessanten Teile meines Lebens auszusuchen, sie zu redigieren und daraus ein Ganzes zu machen, um es meiner Familie und später vielleicht der Öffentlichkeit zu hinterlassen. Den Rest wollte ich verbrennen. Als ich noch mit Charles vereint war, sprach ich ihm von diesem Projekt; diese Arbeit, an der er teilnehmen sollte, versprach uns viele glückliche Stunden. Es bedeutete dies gleichsam, das Geschenk meiner ganzen Existenz zu vervollständigen. Aber es kam nicht dazu, das Geschick hatte es anders gewollt!

Gegen Mitte Juli etablierten wir uns in Baden, wohin auch Josefine mit Isabella gekommen war, um die Bäder zu nehmen. Nach langen Jahren war es das erstemal, daß wir 4 Schwestern, durch die Ereignisse des Lebens in bezug auf Charakter und Aussehen verändert, uns zusammenfanden. Isabella war vielleicht die einzige, bei der man diesen Wechsel am wenigsten merkte, Konstantine zeigte nach allen ihren physischen und moralischen Leiden wieder eine werktätige Güte, gepaart mit einem sich nicht überhebenden Verstande und Nachsicht für die Fehler ihrer Mitmenschen. Was mich anlangte, so war ich, früher heiter, gesprächig und kokett, jetzt ernst, träge und wenig redselig. Aber an keiner von uns war die Veränderung so merklich, wie an Josefine.

Das Hofleben schien das Ungestüm ihres Charakters eingedämmt zu haben, jetzt aber, ferne von jedem Zwang, schossen die Flammen überall hervor. Zwei Gefühle beherrschten ihre Seele vor allem, die Liebe zu ihrem Gatten und eine andere, weniger heftige Leidenschaft, die sie die Liebe zu Gott nannte. Sie zeigte keinerlei Freude, uns wiederzusehen, ihre Fragen nach unseren Erlebnissen waren kühl und ohne jede Spur von Sympathie. Das arme Kind hatte allerdings großen Kummer, der empfindlichste war, nach meiner damaligen Meinung, ihre Trennung von ihrem Gatten. Sie hatte sich diese Prüfung gleich nach den ersten 14 Tagen ihrer Ehe auferlegen zu müssen geglaubt, um die Herzen des Kaisers und des Erzherzogs Rainer zu rühren und sie zu bewegen, ihrem Gemahle eine Anstellung in Veneding zu geben, wo ihr Haus und ihre Beziehungen ihnen weniger Entbehrungen und Entsagungen aufgenötigt haben würden, als in Mailand. Haben aber die Fürsten ein Herz? Sie begegnete nur Gleichgültigkeit, schlechtem Willen und eitlen Versprechungen und kehrte im Herbste hoffnungsloser nach Italien zurück, als sie zu uns gekommen. Trotz dieser Enttäuschung, in Josefine nicht mehr die Vertraute von ehemals zu finden, trotz der Verlegenheit, in der ich mich befand - denn ich glaubte mich damals guter Hoffnung - trotz der Ungewißheit meiner Zukunft, sah ich allen Gefahren und allen Eventualitäten furchtlos und ruhig entgegen. Ich war eben meiner und meines Charles sicher und vertraute auf Gott!

Und doch hatte ich gerade in Baden einen Augenblick der Schwäche. Rasumoffsky war Charles mit Hochmut und Ungerechtigkeit begegnet und dieser hatte ihm in seiner Entrüstung einen ziemlich unhöflichen Brief geschrieben, worin er seine Entlassung forderte. Ich wußte von alledem nichts und hörte erst davon, als ich in die mir verhaßten Familienkonferenzen hineingezogen wurde. Obwohl Konstantine sonst auf Charles gut zu sprechen war, fand sie seine Empfindlichkeit hier nicht am Platze und Josefine pflichtete ihr bei. Ich meinerseits suchte den Armen zu verteidigen, man gab mir jedoch unrecht. Ich wagte ihn daher nicht länger in Schutz zu nehmen, empfand jedoch die ganze Feigheit meines Benehmens als eine notwendige Folge unseres Geheimnisses und zerfloß in Tränen.

Überhaupt wurde mir der Aufenthalt in Baden, auf den ich so große Hoffnung gesetzt hatte, auf alle mögliche Weise verbittert. Isabella wohnte in meinem Zimmer, meine Schwestern fanden meine Morgenpromenaden mit Charles unpassend und ich mußte auf diese einzigen Stunden des Zusammenseins verzichten; meine Schwestern waren mit meinem armen Freunde wohl liebenswürdig und tadelten mich nicht, wenn ich seine Huldigungen annahm, aber wider Willen entschlüpften ihnen doch hie und da verletzende Worte. Und ich selbst mußte die Konvenienzen wahren, ich durfte nie die Schranken außer acht lassen, welche die Welt zwischen ihm und mir gezogen. Ich sah ihn oft gedemütigt, verletzt, und ich konnte ihn nicht zu mir erheben. Gab es ein größeres Opfer? Und doch war ich seine angetraute Frau!

Trotz dieser bitteren Pillen, die wir verkosten mußten, hatte ich doch Charles' Liebe und konnte mit ihm allein alle jene Öftlichkeiten besuchen, wo ich im vorigen Jahre seine Liebe erblühen sah. Mitte August reisten Isabella und Josefine dann nach Kärnten voraus und ich sollte ihnen nachkommen. Ich hatte mich entschlossen, 6 Wochen in Treffen ferne von meinem Charles zu verbringen. So ist das Leben, so die Blindheit der sterblichen Menschen! Ich weiß heute noch nicht, was mich damals antrieb, mein Herz auf die Probe zu stellen, indem ich es von dem Gegenstande seiner Liebe entfernte. Ich machte mir ohne Unterlaß Vorwürfe, nicht zärtlich genug gegen ihn zu sein, ich glaubte, meine Neigung durch die Entbehrung seiner Liebe kräftigen zu können. Er würde dann zu mir kommen und ich entweder wissen, wie sehr ich ihn liebte oder, falls mein Herz einer wahren Leidenschaft unfähig bliebe, wollte ich Charles zu Füßen fallen und ihn dafür um Verzeihung bitten, daß ich meiner treuen, ewigen Gattenliebe nicht die überschwänglichen Gefühle einer Geliebten hinzuzufügen vermochte.

Meine Tage in Treffen verliefen ohne Charles traurig, obwohl mich Isabella mit Beweisen ihrer Freundschaft überhäufte. Sie gestand mir später, nach dem Tode meines armen Freundes, ein, daß sie damals mein Geständnis erwartete und gehofft hatte, unsere geheime Heirat zu ermöglichen. Wie wenig kannte sie eben die Schwierigkeiten, die sich einer solchen Verbindung entgegenstellten! Aber eines gelang mir in Treffen, – ich entdeckte im Herzen meiner Schwester Josefine den Grund ihrer eigentümlichen Gereiztheit, ihres ständigen Zweifels in die Liebe ihres Gatten, sobald seine Briefe etwas länger ausblieben. Ich beging die Unvorsichtigkeit, ihr einen Teil eines Briefes meines Charles' vorzulesen. Die darin enthaltenen Ausdrücke einer leidenschaftlichen Liebe ließen ihr die Briefe ihres Gatten kalt erscheinen. Sie empfand darüber während drei Tagen einen Kummer, der sie fast krank machte. Ich suchte nun, meine Unbedachtsamkeit, deren ungeahnte Folgen mich erschreckten, bereuend, die Schuld dieser überschwänglichen Liebesbeteuerungen auf die unerfüllten Wünsche meines Freundes zu schieben. »Er hat eben nicht«, sagte ich mit etwas Falschheit, »das Glück, diejenige seine Frau zu nennen, die er liebt. Wenn du von deinem Gatten auch getrennt bist, so besaß er dich doch und die Erfüllung seiner Wünsche kühlt seine Gefühle vielleicht etwas ab.« –

Dieses ziemlich hinfällige Argument vermochte sie sonderbarerweise nicht zu trösten, ich begann Verdacht zu schöpfen, ich forschte wiederholt nach und entdeckte, daß Frau Contarini noch ein Fräulein Thürheim war. War dies nicht ein Rätsel? Und dennoch gab dieser Mann vor, sie zu lieben, er schrieb ihr phrasenhafte Briefe, er hatte 14 Jahre Türe an Türe mit ihr geschlafen! War er denn von Eis? Josefine suchte ihn damit zu entschuldigen, er habe ihr gesagt, er wolle dies alles auf bessere Zeiten verschieben, wenn ihre Stellung nicht mehr provisorisch wäre. Sie gab auch vor, daß ihr an diesem unvollständigen Zustande nichts liege. Aber konnten ihre Aufregung, ihre Melancholie und ihre Zweifel an die Liebe ihres Gatten wohl einem anderen Grunde entspringen, als dem der Sehnsucht, die ihre Schamhaftigkeit nicht eingestehen wollte? Arme Josefine, warum mußte ihr schwaches, binsenweiches Herz noch durch solch' ungewöhnliche Entbehrungen erschüttert werden! – Auch später, als ich Contarini kennen lernte, wunderte ich mich über sein eigentümliches Benehmen seiner Gattin gegenüber. Das halbe Jahr hielt er sich von ihr entfernt, von ihr, die einer Stütze so sehr bedurft hätte, von ihr, deren Gesundheit schwach war und deren ängstliches Gemüt überall Schreckgespenster sah. Er ließ sie allein gegen ihren Unglücksstern ankämpfen und begnügte sich mit der seltsamen Liebe eines Mannes, der den Titel eines Gatten wohl führte, es aber in der Tat nicht sein wollte oder konnte.

Am 8. September erlag mein armer Bruder Josef in wenigen Tagen einem Nervenfieber. Ich beweinte ihn schmerzlich, diesen Gefährten der Jugendjahre, der mit mir am Totenbette meiner Eltern trauerte, ihn, dieses Reisig aus dem kleinen Bündel, das dieselbe Hand vereinigte, ihn, ein Glied jener kleinen Herde, die sich beim Nahen jeder Gefahr zusammenscharte, da ihr das Gefühl der Zusammengehörigkeit innewohnte. – Als aber Charles am 8. Oktober, nachdem er seine Stellung bei meinem Schwager aufgegeben, nach Treffen kam, da sah ich zwischen meinen Tränen hindurch auf dem Antlitze meines geliebten Mannes, der es sich zur Aufgabe gemacht, meine seelischen Wunden zu lindern, nur – das Glück.

Die Ankunft Charles' in Treffen beschreibt mein Tagebuch folgendermaßen: »Als ich in der Frühe des 8. Oktober erwachte, sagte ich zu mir: »In einer Stunde wird er hier sein!« Und eine Stunde darauf klopfte es an meiner Türe, es war Tony Goess: »Liebe Tante«, sagte er, »er kommt nicht, Rasumoffsky läßt ihn nicht fort.« Ich fühlte einen Stich im Herzen – da hörte ich aber schon eine sanfte Stimme, die sagte: »Ach nein, lassen Sie mich eintreten« und er stand vor mir, zitternd, wie von Sinnen. Wir hatten keine Worte, wir wagten uns nicht anzusehen und machten wirklich eine einfältige Miene. Und doch lag das Paradies vor uns! Aber, als wir endlich allein waren, da fiel er mir zu Füßen, ich hing an seinem Hals, wir weinten vor Freude und wiederholten uns immer: »Wir werden uns nie wieder trennen, das tut zu wehe!« Und erst das reine, süße Glück, welches folgte, als ich mich in seinen Armen befand, vor Seligkeit trunken! Heute noch empfinde ich jenen nagenden Schmerz in meiner Seele, den ich hatte, als ich Charles während unserer sechswöchentlichen Trennung ohne Unterlaß zurückrief und ihn mit Herzklopfen erwartete. Und ich rufe ihn immer noch und dieser quälende Gedanke hängt an meinem Herzen, wie ein Polyp, den niemand mehr entfernen kann!

Vierzehn Tage verbrachten wir noch in Hungerbrunn bei meiner Schwester Goess. Wie glücklich fühlte sich Charles; er war frei, bei mir, und uns schien sich eine ungetrübte Zukunft eröffnen zu wollen. Ich erinnere mich eines Ausfluges nach Kraig, wo ich zeichnen wollte. Wir waren allein, Charles holte mir aus ziemlicher Entfernung einen abgeschnittenen Baumstrunk herbei und ich setzte mich darauf. Er saß zu meinen Füßen und sang mir unsere Lieblingsweisen vor, während ich zeichnete. Dann kehrte ich an seinem Arme in das Schloß zurück. Da die Goess von einem Besuche in der Nachbarschaft noch nicht zurück waren, verbrachten wir noch eine süße Stunde in dem Lusthäuschen am Ende des Gartens. Alle diese Ereignisse traten voll Wehmut vor meine Seele, als ich mich ein Jahr später an derselben Stelle im Walde befand. Der gleiche Baumstamm lag noch im Heidekraut, die nämliche Stille umgab mich, aber Charles war von dieser Erde auf immer verschwunden!

Am 22. Oktober reisten Isabella und ich nach Schwertberg, um unsere arme Schwägerin zu sehen und zu trösten, dann fuhren wir über Enns, wo mich Charles erwartete, nach Wien und trafen dort am 27. Oktober ein. Es folgten jetzt die letzten vier Wochen, die ich mit Charles verleben sollte, sie waren mit Unruhe, Enttäuschungen und Kummer ausgefüllt, und doch ersetzte uns das ungeheure Glück, beisammen zu sein, alles. Dann folgte ein Tag der Verblendung, eine Nacht des Schreckens, und als ich am anderen Morgen, alles erratend, hinüber eilte, um alles wieder gut zu machen, da war er – tot!

*

Charles Thirion hatte sich mit Arsen vergiftet. Er lag tot im Gasthof »Zur Goldenen Birne« auf der Landstraße Hauptstraße Nr. 31, nicht weit vom Rasumoffskyschen Palais. Allem Anschein nach hatte der Fürst von der Ehe erfahren, höchstwahrscheinlich war die Münchner Heiratserlaubnis eine Fälschung gewesen, Thirion dürfte auch versucht haben, auf verbotene Weise zu Geld zu gelangen. Was er verbrochen hatte, wissen wir nicht, Lulu war zu entsetzt, um es in ihr Tagebuch einzutragen. Jedenfalls hatte Charles etwas Unverzeihliches getan und sich selbst gerichtet.

Spätere Kritiker beschuldigten Lulu, warfen ihr vor, sich nicht genug um ihren Mann gekümmert zu haben. Doch was konnte sie tun? Sie besaß kein Geld. Sie wußte nicht, daß er finanziell am Ende war. Er hatte ihr damals, in München, vor der Heirat strahlend von einer Erbschaft erzählt, sogar die Summe genannt, 120 000 Francs, ein kleines Vermögen. Natürlich dachte Lulu, daß er von diesem Geld zehrte, als er aufhörte für Rasumoffsky zu arbeiten.

Andere Zeiten, andere Sitten. Wir sprechen ständig nur von Geld. Damals galt dies als vulgär. Man fragte nie: Was hat das gekostet? Man sagte nie: Das Bild ist ein Vermögen wert. Niemand hätte gewagt sich nach den finanziellen Verhältnissen einer Person zu erkundigen. Geld und Fragen nach Geld waren tabu.

Charles letzter Selbstmordversuch war also geglückt. Lulu trauerte tief, doch sie überlebte ihren Mann um dreißig Jahre. Sie zog auch nicht in ein adeliges Damenstift, sie blieb der Welt erhalten, mit ihren wachen Augen, ihrem scharfen Geist, ihrer brillanten Gabe der Rede, und als alte Dame schrieb sie ihre Memoiren, die sie unvergeßlich machten. Sie war immer noch schön, denn ihre Schönheit, schrieb ein Zeitgenosse, »war von der beseelten Art, die ewig hält«. Sie war auch nicht die »arme Lulu von Thürheim«, wie sie jetzt, da man sie wiederentdeckt, beschrieben wird. Sie hatte Liebe, Leidenschaft, Geheimnisse, Küsse, sie hatte zu essen, war kostbar gekleidet, die schönsten Paläste standen ihr offen, und als Rasumoffsky sein Vermögen verlor, litt sie auch keine Not.

Nur eines ist klar. Wäre sie nicht adlig geboren, sie hätte glücklicher gelebt. Als Bürgerstochter hätte sie selbst verdienen können. Begabte Malerin, Schriftstellerin, Sängerin, die sie war, hätte sie leicht Karriere gemacht, zumindest ihre Unabhängigkeit erkauft, wie die vier Schwestern Fröhlich, von denen im nächsten Kapitel die Rede ist.

In Lulus Kreisen aber galt Geldverdienen als vulgär. Vor allem für eine Frau. Außerdem gehörte es sich nicht, anderen, die davon leben mußten, die Stellung wegzunehmen. Schade um Lulus Talent. Um ihren Sinn für Humor. Die Bilder in ihren Memoiren hat sie nämlich alle selbst gemalt. Eines ist mir besonders in Erinnerung: Lulu auf einer Rußlandreise, mitten in der Nacht auf Zehenspitzen im Unterrock auf einem Stuhl stehend, Besen in der Hand, Wanzen vom Plafond kehrend, während ein Stubenmädel, ebenfalls leicht bekleidet, eine Kerze hält, um ihr dabei zu leuchten. Das Bild ist derart komisch, derart treffend gemalt, daß ich mich beherrschen mußte, um nicht im Lesesaal laut aufzulachen. Auch das nächste Bild, ein paar Seiten weiter, ist mir unvergeßlich, es zeigt, daß selbst Rasumoffsky auf dieser Reise zu leiden hatte: Der Fürst, im kurzen Nachthemd, von Insekten gebissen, mit Kissen werfend, von denen wie Sternschnuppen Flöhe in die Nacht hinaus springen. Ja, Lulu hatte Humor. Hätte sie Geld verdienen müssen, hätte sie mehr gemalt, mehr geschrieben, mehr gezeichnet, und die Welt dadurch bereichert. Und vielleicht sogar sich selbst. Denn die Zeit in der sie lebte, war allem Schönen aufgeschlossen, und bereit, dafür zu zahlen. Talent war in Wien immer höchst willkommen. Was man verdiente, gehörte einem auch. Die Steuern waren damals kaum fünf Prozent und so lesen wir heute mit Staunen, daß die Schwestern Fröhlich, zwar musisch, jedoch nur zum Heiraten erzogen, durch Klavierspielen, Singen, Stundengeben und Malen herrlich lebten, und noch ein Vermögen ersparten, das sie für Stiftungen verwendeten. Das war das Biedermeier in seinem Glanz!

Die vier Schwestern Thürheim.
Die vier Schwestern Fröhlich.
Entscheiden sie selbst, wer glücklicher war.

Kapitel 6

KATHI FRÖHLICH, KÜNSTLERBRAUT

Nun folgt eine meiner liebsten Geschichten aus dem Alten Wien. Sie endet zwar anders, als man glaubt, denn Künstlerbraut zu sein war niemals leicht. Außerdem, mit einem Dichter wie Grillparzer im Herzen - wie könnte das Leben anders sein, als voll von Überraschungen?

Trotzdem hat Kathi Fröhlich am Ende gesiegt, ohne den Verlierer unglücklich zu machen. Im Gegenteil. Es gelang ihr, was im Biedermeier so oft gelang: alle Beteiligten zufriedenzustellen. Die Wiener Schriftstellerin Ann Tizia Leitich hat die Geschichte mit soviel Flair und Gefühl erzählt, daß man sie nicht so schnell vergessen wird. Zwischen den Zeilen liest man vieles: Die Liebe zu damals, und die Liebe zu Wien, die Liebe zu allem Schönen. Doch die Autorin soll selbst erzählen!

*

*** *Kathi Fröhlich, Künstlerbraut* ***
(von Ann Tizia Leitich)

Typisch für die resoluten und doch wieder schwärmerischen Biedermeier-Wienerinnen zwischen Musik und Heim war das reizende Schwesternquartett der Fröhlichs: Netti, Betti, Kathi, Pepi. Jede eine fest umrissene, bodenverwachsene, unerschütterlich eigene Weibsnatur und doch alle einander ähnlich- jede eine andere Variation desselben Themas. Künstlerinnen und peinlich adrette Bürgerinnen: von Männern umgeben, geliebt und liebend, und doch ohne die letzte Erfüllung. Die Literaturgeschichte kennt sie nur der Einen wegen, die »unsterblich wurde durch die Liebe eines Dichters«, wie es die konventionelle Phrase wohl haben will. Oder gab es einmal eine Literaturgeschichte, die behauptet hätte, daß das Mädchen durch ihre eigene Liebe zu dem Dichter unsterblich wurde? Und doch wäre es gerade in diesem Falle historisch richtiger: denn Grillparzer, dessen »ewige Braut« Kathi Fröhlich war, sagte selbst von sich, daß er der Liebe nicht fähig sei. Sie dagegen brachte ihm das Opfer ihrer Zukunft, indem sie darauf verzichtete, Schauspielerin zu werden, obwohl die große Sophie Schröder es als Verbrechen erklärte, sich mit solchen Anlagen der Bühne zu entziehen. Sie, die reizendste, heiratete keinen anderen; sie umhegte den Einzigen mit Sorge und Liebe über seinen Tod hinaus - und das war über fünfzig Jahre lang. Und wenn diese Liebe mitunter mit Bitterkeit und Heftigkeit getränkt war, so war das nicht nur ihre Schuld.

In der jahrzehntelangen Sorge und Liebe stand Kathi nicht allein; ihre Schwestern Anna (Netti) und Josefine (Pepi) waren ihr darin treu zur Seite, während Barbara (Betty), die einzige, die heiratete, die Dinge zwar von der Ferne, aber auch intensiv verfolgte. Wären die Schwestern Fröhlich nicht gewesen, sagt ein Grillparzerbiograph, so wäre sein Alter ebenso verbittert und freudenleer gewesen wie das Schopenhauers. Doch selbst wenn man darüber anderer Meinung wäre, so verdienten die Schwestern Fröhlich schon um ihrer selbst willen genannt und in dem Medaillon eines Erinnerungsbildes eingefaßt zu werden, das ihnen die Kulturgeschichte schuldig geblieben ist. Das war wohl deshalb, weil der große Dichter ihre weiblichen Gestalten überschattete, so daß sie immer nur gleichsam als seine Komparserie auftreten durften. Aber das war es auch wieder nicht allein: Sie schufen nichts, das man greifen, sehen, hören, bewundern konnte. Sie waren echte Frauen, und echte Weiblichkeit hat noch nie Gewaltiges geschaffen; denn das ist nicht ihre Aufgabe, die vielmehr darin besteht, zu sein und das Sein zu formen. Das ganze Leben fiele auseinander, wenn die Weiblichkeit in dieser Weise zu wirken aufhörte, und der Mann müßte versteinern und verzweifeln. So geben die Schwestern Fröhlich ein wunderbar anschauliches Beispiel von der anonymen Kraft und Wirksamkeit der Frau im allgemeinen, der Wienerin im besonderen.

»Die vier Schwestern Fröhlich«, schrieb August Sauer, der Biograph Grillparzers, »nehmen in der Kulturgeschichte des Biedermeier-Wien eine überragende Stellung ein.« Und eine andere Stimme bemerkt, daß sie mehr für die Musik gewirkt hätten, als so manche europaberühmte Amazone von der Kehle.

Ihr hervorragendes Können machte es ihnen möglich, sich selbständig als alleinstehende Frauen zu erhalten und noch ein Vermögen zu ersparen, das sie für Stiftungen verwendeten. Als vier unverheiratete junge Mädchen ohne Geld und Einfluß erhielten sie Eingang in die besten Häuser, wie in das des musikalischen Hofrates Raphael von Kiesewetter und das Palais des Bankiers Geymüller. Sie wurden mit Einladungen bestürmt, ja, man war bei musikalischen Abenden oft auf sie angewiesen. Sie, die Dilettantinnen, sorgten dafür, daß der Musikhunger gestillt wurde zu einer Zeit, da das Konzertwesen in seinen Anfängen war, das ihnen wieder manchen Antrieb schuldete. So dankte ihnen die neugegründete Gesellschaft der Musikfreunde, die erste Schöpfung bürgerlichen Mäzenatentums, hervorragende Unterstützung. Die Musik und ein gemeinsames Heim einigte sie in seltener Harmonie. Doch freilich schmiedete sie darüber hinaus noch ein festeres Band, ohne das ihre Einigkeit wahrscheinlich nicht in dem Grade bestanden hätte: es war Grillparzer, und ihre Liebe zu ihm. Er stellte das Drama ihres Lebens dar, in dessen Mittelpunkt das Liebespaar stand, das einander nicht haben und nicht lassen konnte; und das die Leute ihrer Zeit und später ohne Ende zu der Frage veranlaßt hat, auf die sie selbst am wenigsten eine Antwort wußten, zu der Frage: warum?

Die Schwestern Fröhlich waren Töchter eines kleinen Fabrikanten, der ein Geschäft betrieb, das eine alte bodenständige Wiener Angelegenheit war. Er erzeugte den sogenannten Einschlag, der die Fässer zur Konservierung von Wein tauglich machte. Als verbesserte Methoden aufkamen, war Vater Fröhlich nicht modern genug, sich anzupassen und ging zugrunde. Vorerst jedoch verlebten die Fröhlichs, die ihrem Namen alle Ehre machten, eine heitere Jugend im Döblinger Familienhaus, von Gärten, Landluft und Weinduft umgeben. Der Vater, ein gebildeter Mann, der seine idealisch schwärmenden Studentenjahre nie vergessen konnte, bestand auf guter Erziehung, die jedoch hauptsächlich musisch gewesen sein muß und sich harmonisch dem angeborenen künstlerischen Instinkt der Mädchen gesellte. Rechtschreiben lernten sie zum Beispiel nie. Die Mutter bildete das praktische, energische, ordnungsgebietende Element in der Familie wie im Wesen der Töchter. Es muß in dem Döblinger Landhaus ein vielstimmiges und ewiges Singen, Zwitschern und Klavierspielen gewesen sein. Fünfundsechzig Fabriken, unter denen die Streicherischen führend waren, machten damals Klaviere in Wien, einer Stadt von 260 000 Einwohnern! Doch obwohl das Klavier schon zu einem notwendigen Bestandteil der bürgerlichen Kultur geworden war, wurde es noch nicht als Instrument der höheren Tochter und Tummelplatz der Talentlosigkeit mißbraucht. Man war eminent musikalisch und behandelte es mit Ehrfurcht.

Nach dem Zusammenbruch des väterlichen Geschäfts gingen die Schwestern ohne Klagen und Jammern sofort daran, nicht nur sich selbst, sondern auch die Eltern zu erhalten. Sie machten ihr Können zu Geld, gaben Stunden, sangen und spielten in Konzerten; wurden zu Lieblingen des musikalischen Wien. Ihr Heim aber war dessen Sammelpunkt. Hier waren keine livrierten Diener, keine seidenüberzogenen Ottomanen, keine kostbaren Kristallgirandolen und Stuckplafonds. Hier strahlte nichts als das Talent, die Liebenswürdigkeit, das fröhliche witzige Geplauder; und sie überstrahlten die Bescheidenheit der Umgebung. Hier gab es Anregung, Schönheit, Liebe. Während man drüben auf dem Alsergrund bei Karoline Pichler gescheit redete und nicht ohne selbstbewußte Steifheit berühmte Namen sammelte, dachte man hier nicht an Berühmtheit und – hatte sie. Hier verkehrte Schwind, in dessen Melusinenfries wir die Schwestern wiederfinden mögen, wie sie die eine Liebende, einsam Trauernde warnen, umhegen und trösten. Hier hatte Sonnleitner Schuberts erste Lieder gezeigt, die Kathi sofort spielte, worauf alle begeistert nach dem Komponisten riefen. Als er kam und gefragt wurde, warum die herrlichen Lieder noch nicht verlegt wären, war seine traurige Antwort: Es will sie keiner drucken! Worauf Grillparzer und einige Freunde zusammensteuerten und die Lieder auf ihre Kosten stechen ließen. Hier saß Schubert dann oft improvisierend oder zum Tanz aufspielend, während das Weinglas in Reichweite stand und die Damen Würstel servierten, die die Gäste dem Altwiener Brauch gemäß oft selbst mitgebracht hatten.

Anna war schon lange Professorin am neugegründeten Wiener Konservatorium und blieb es durch 53 Jahre. Betty pflegte neben der Musik die Malerei. Sie lernte die durch Isabey in Wien beliebt gewordene Miniaturmalerei auf Email bei dem Meister dieser Kunst, Daffinger, der ihr Talent erkannte und sie jahrelang als seine Gehilfin beschäftigte. Sie war mit Aufträgen überhäuft, denn er hatte viele der beim Wiener Kongreß anwesenden Fremden gemalt und bekam fortlaufend Nachbestellungen aus aller Welt. Da ihn aber wie die meisten Künstler nur das Neue interessierte, so überließ er die Ausführung dieser Kopien mehr und mehr seiner begabten Schülerin, die sich seine kunstvolle Manier in täuschender Weise angeeignet hatte, und setzte zum Schluß bloß seinen berühmten Namen darunter. Auf diese Art wanderten die Bilder Betty Fröhlichs, des Ersatz-Daffinger, hinaus in die Sonne der ganzen Welt, während sie ungenannt im Dunkeln zurückblieb. Josefine, die jüngste, wollte Opernsängerin werden, debütierte auch mit Erfolg, ging nach Kopenhagen, wo sie dänische Kammersängerin wurde, sang erfolgreich in Mailand. Hier jedoch wurde sie auch näher mit dem Leben hinter den Kulissen bekannt, das ihr den Geschmack an der Bühne verdarb. Das war es überhaupt bei allen Schwestern: Die Bühnenkunst wäre ihnen schon recht gewesen und sie ihr; aber alles, was mit dem Beruf einer Sängerin sonst zusammenhing, die Theatermenschen, die Theaterluft, das Ungeordnete, immer etwas Abenteuerliche, verlegte ihnen den Weg zu dieser Karriere. Sie wußten immer, was sie sich zutrauen konnten, und wehrten alles ab, das ihrer Natur nicht gemäß schien. Die schöne fleckenlose Politur ihrer Biedermeiermöbel lag auch über ihrem Leben. Sie blieben immer Bürgermädchen, auch dann noch, als sie mit über siebzig Jahren die Erinnerung, das Zimmer und die Bücher des toten Grillparzer mit Argusaugen hüteten. Das wußte schon die kleine Kathi, die Kaiser Franz, als er bei irgendeiner Gelegenheit das hübsche Kind um seinen Namen fragte, selbstbewußt anwortete: »Kathi Fröhlich, Bürgerskind aus Wien.« Worauf der Kaiser entgegnete: »Saperlot!«

Und doch war die hochbegabte Kathi die einzige, die das Theaterleben vielleicht hätte auf sich nehmen können. Sie aber wurde dann nicht durch ihren eigenen Entschluß, sondern durch Grillparzer verhindert, der ihr schroff sagte, daß er mit einer Komödiantin nichts zu tun haben wolle; was die Sache für Kathi entschied, und Wien einer großen bodenständigen Schauspielerin beraubte.

Kathi war die hübscheste und eine große Sparmeisterin; sie brauchte nicht zu verdienen, sie nähte und besorgte das Haus, und es wurde eine Art Kultus mit ihr getrieben. Das sarkastische Wort eines Zeitgenossen bezeichnete sie als Köder der Familie. Als sie Grillparzer, den erfolgreichen Dichter der »Ahnfrau« und der »Sappho«, 1821 kennenlernte, war sie zwanzig, er dreißig. Er hatte die Fröhlichs einzeln oder zu zweit schon öfter getroffen, hatte auch Kathi schon gesehen, ohne einen nachhaltigen Eindruck mitzunehmen. Auch diesmal, da sie ihm zum erstenmal als Quartett unter die Augen traten, konnte er sich nicht gleich für Kathi erwärmen. Ja, seine Gefühle bei diesem Zusammentreffen waren schon eigentlich bezeichnend für die ganze Entwicklung des Verhältnisses. Die Schwestern hatten sich verspätet und wurden für die musikalische Vorführung sehnsüchtig erwartet. Als sie endlich erschienen, setzte sich Kathi auf das Sofa und erklärte den sie umgebenden Herren in ihrer lebhaften, die Worte heraussprudelnden Art die Ursache der Verspätung. Grillparzer war wohl gleich von den jedes Wort dramatisch belebenden Augen gefesselt, bemerkte aber später: »Die Ungebundenheit des Mädchens mit den schönen Augen, obgleich fern von aller Unbescheidenheit, konnte mir nicht eigentlich gefallen.« Also schon am ersten Tag nörgelte er – doch die Augen trugen den Sieg davon; man weiß nicht, ob zu ihrem Heile. Immer standen sie in der Folge vor ihm: »Dunkelhell, blitzesschnell, schimmernd wie Felsenquell, schattenumkränzt ... Tag und Nacht, Ernst, der lacht, Wassers und Feuers Macht, sind hier in Eins gebracht.« Er war entzückt. »Wangen rund, Purpurmund, nächtig Haar, Stirne klar, drunter mein Augenpaar« – so beschrieb er die Geliebte und wir erfahren, daß Kathi brünett war.

Von da an sahen sie einander oft, ungezwungen, in heiterster Selbstverständlichkeit. Der alles verklärende Rosenschein der ersten Hinneigung belebte Grillparzer; erheiterte seine elegische, die Dinge zersetzende Natur; erhöhte seine Schaffenskraft. Schöne Liebesgedichte an Kathi entstanden und sein »Ottokar«. Er war ein ausgezeichneter Klavierspieler und die gemeinsame Liebe zur Musik erwies sich als eine mächtige Bundesgenossin ihres Gefühls, jetzt wie später; denn mit Musik ist es wie mit der Landschaft: sie bringt die Menschen zueinander. Die Liebe Grillparzers war kein Geheimnis geblieben, wollte es ja auch nicht sein. Man machte die Verlobung bekannt und die Familie, die Schwestern, der ganze fröhliche musische Kreis nahm an dem Ereignis teil. Ob die Freude der Schwestern ganz ohne bitteren Tropfen war? Vielleicht doch; sie hatten sich, obwohl selbst hübsch und verwöhnt, von Anfang an damit versöhnt, daß Kathis Reize sie alle schlug; sie nahmen es für selbstverständlich, daß gerade sie den Mann bekommen sollte, der ihnen allen gefiel und dessen Name schon von Ruhm umschimmert war. Sie begnügten sich mit der Mitfreude, mit dem Abglanz des Lichtes, das auf sie fiel, und in seinem Schein wärmten sie sich und wandelten darin wie kreisende Monde ihr ganzes Leben lang. Und so beschäftigt war ihr Gemüt damit, daß sie sogar darauf vergaßen, sich selbst einen Mann anzuschaffen – es war eine ganz eigene Art von Heldenverehrung. Nur einzig Betty heiratete einen Herrn Bogner, der sich nicht im entferntesten mit Grillparzers Stellung und Persönlichkeit messen konnte. Er war ein kleiner Beamter, aber ein schöner Mann, ohne komplizierte und verhängnisvolle Gefühle, der mit Hingebung Flöte spielte. Doch auch Betty hielt ihre Ehe nicht ab, sich um Grillparzer zu kümmern. Magisch zog er sie alle an.

Magisch wurde aber auch er in ihren Kreis gebannt. Vielleicht ist es wahr, was manche Biographen des Dichters behaupteten, daß die erste Zeit seiner Liebe zu Kathi die glücklichste seines Lebens war. Dinge wie diese sind schwer festzustellen. Immerhin muß ein Gefühl, das zwei Menschen fünfzig Jahre lang, wenn auch nicht mit immer gleicher Temperatur, in eine Beziehung schmiedet, doch eine mächtige

Grundlage gehabt haben. Daß es in seiner Morgenröte beglückend gewesen sei, läge also nur in der Natur der Sache. Die Wolken und die Gewitter, die wüsten Strecken und die abkühlenden Schauer kamen früh genug. Kathi war eifersüchtig und heftig; und Grillparzer raunzte. Er war ein Mann, dem eine zerbrochene Kaffeemaschine am Morgen den ganzen Tag verderben konnte. Wenn nicht alles so himmelblau war, wie er es sich dachte, so wurde er hart und verschlossen. Sogar an Kathis Liebe zur Musik fand er etwas auszusetzen. »Wie Säufer mit Wein, so betrinkt sie sich mit Musik«, sagte er. »Sie ist ihrer selbst nicht mehr mächtig, wenn sie gute Musik gehört hat.« Ihre Plauderseligkeit wurde von anderen geschätzt und gesucht; sprach sie doch nie Gemeinplätze und war immer originell; ihn jedoch machte sie nervös: »Sie wäre ein Schatz für jemand, der nach abspannenden Geschäften zu Hause Anregung braucht; einem, der von seinem aufregenden Streben Abspannung sucht, muß sie notwendig zur Qual werden.« Dabei unterschrieb er aber den Ausspruch eines Freundes, daß er jemand brauche, »um sein Blut in schnellere Bewegung zu bringen«.

Als sie die Möbel für die Wohnung kauften, stritten sie. Versöhnten sich wieder. Das ist nichts Ungewöhnliches bei Brautleuten. Aber hier gab es Risse, die nicht wieder heilten, denn hier traf es zwei nicht gewöhnliche Menschen: ein Mädchen von großer Zähigkeit des Gemütes und Willensstärke; und einen Mann mit einem ganz labilen Nervensystem. Grillparzer hatte eine mimosenhafte, weibliche Sensitivität, die mit Aufbegehren und männlicher Arroganz verhängnisvoll verquickt war; er wurde zwischen Extremen, zwischen Weichheit und Gefühllosigkeit, Glut und Eis hin- und hergeworfen und litt darunter unsäglich. Er war ein schamhaft und intensiv nach innen hinein Lebender, der die Gedanken seiner Seele eifersüchtig hütete, auch vor der Frau, die er liebte; und der sich doch glühend danach sehnte, mit einem anderen Menschen zu verschmelzen. Er litt an schwerer innerer Langeweile; an Melancholie. Abgesehen davon, daß diese Veranlagung in seiner Familie war – Mutter und Bruder starben durch Selbstmord – war er darin auch ein Opfer der Zeit. Ein Künstlertitan in einem blumenumrankten Vogelkäfig. Der typische Malkontent, dem die unleidlichen politischen Verhältnisse und die Zensur das Leben verbitterten, entkräfteten. Welcher Liebeskünstlerin, welcher Kenntnis einer schwierigen männlichen Seele und ihrer Erotik hätte es bedurft, um diese Gegensätze zu überbrücken, die Schmerzlichkeiten zu glätten, ohne zu verletzen! Doch die Liebeskünstlerin hätte auch wieder nicht genügt; sie hätte die Gestalt eines naiven frischen Mädchens haben müssen. Das naive frische Mädchen war Kathi; aber sie war keine Liebeskünstlerin. Sie ließ ihrem Temperament die Zügel schießen; sie hatte eine »hurtige freie Demarche«, wie Khevenhüller es von Maria Theresia gesagt hatte. Und demgemäß war ihr Wesen. Sie verstand nicht, sein inneres Alleinsein zu schonen, so daß er zu dem Ausspruch hingerissen wurde, er könne den Gedanken an einen Menschen nicht ertragen, der auf das Recht pochen dürfe, jeden Augenblick in sein Zimmer zu treten! Nachher tat es ihr leid, nachher war sie hingebend, reizend, zärtlich: und doch vielleicht auch wieder nicht zärtlich genug – eine Wiesenblume, die eine hochgezüchtete Rose hätte sein sollen.

Die Wohnung wurde nicht eingerichtet. Die Hochzeit nicht gefeiert. Das Verhältnis zog sich hin. Grillparzer schrieb an einen Freund: »Von dem Augenblick an, als der teilnehmende Gegenstand nicht mehr haarscharf in die Umrisse passen wollte, die ich in der ersten Annäherung voraussetzend gezogen hatte, warf ihn auch mein Gefühl als ein Fremdartiges unwiderruflich aus.« Die Leute begannen zu reden. Kathi fühlte sich als die Verlassene, Getäuschte. Herzweh und Aufregungen warfen sie auf das Krankenlager, das sie als eine Andere, Blässere, Stillere verließ. Die Schwestern mischten sich ein, machten Grillparzer Vorstellungen. Doch er, der einen wunderschönen Monolog über das bestimmte Ja und Nein schrieb, vermochte weder ja noch nein zu sagen. Eben weil er es nicht vermochte, schrieb er ihn; denn das ist Himmel und Hölle des Künstlers, daß er erst durch die furchtbaren Spannweiten seiner Seele fruchtbar wird. Das Schwerste sei nicht die Tat, sondern der Entschluß, gestand der Dichter.

Die Wiener haben aus dieser Unfähigkeit zum Entschluß förmlich eine Tugend gemacht, indem sie Nicht-Entscheidenkönnen mit schönen Worten verbrämten und vor allem nie ein Nein rund heraus aussprachen. Grillparzer ersparte sich den Aufwand an schönen Worten; er haßte sie. Ihm, dem großen Dramatiker, war jegliches Komödienspiel im Leben in der Seele zuwider. Wie er es an einer Frau bemerkte oder zu bemerken glaubte, erkaltete sein Gefühl. Dabei war er ein Mann, dem es schwer fiel, die Härte reiner Wahrheit zu ertragen. So wurde er denn auch gerade durch Kathis seelische Geradheit und Einseitigkeit des Gefühls abgestoßen. Bezeichnend ist seine Tagebuchnotiz über ihr Weihnachtsgeschenk, dessen »Oberflächlichkeit und Geschmacklosigkeit« ihn »äußerst unangenehm berührte«, so daß er beim Nachhausegehen zweimal im Begriffe war, den Stein des Anstoßes geradezu auf der Straße wegzuwerfen. Er stammte aus einer intellektuellen Familie. Er war ein Feinzüngler, um ein Wort zu gebrauchen, das er zur Charakterisierung seines Otto von Meran verwendete. Er hatte zarter besaitete, raffiniertere, vielleicht auch erotischere Frauen als Kathi gekannt. In seinem Leben waren viele Frauen. Er brauchte sie, er suchte sie, aber vor allem suchten sie ihn. Er war kein schöner Mann, aber er hatte tiefe große Blauaugen und er konnte bezaubernd sein. In einem seiner Ohren hing ein Goldplättchen, das eine liebende Frau dort befestigt hatte.

Es scheint keine romantische Übertreibung, wenn behauptet wird, daß zwei weibliche Wesen seinetwillen an gebrochenem Herzen starben; und das war zur Zeit seines Brautstandes mit Kathi. Freilich konnte er für den Tod wenigstens der einen nicht verantwortlich gemacht werden. Marie Piquot, die sanfte Tochter eines in Wien lebenden preußischen Legationsrates, hatte sich einige Zeit anscheinend ganz unbegründete Hoffnungen gemacht. Als Grillparzers Verlobung mit Kathi bekannt wurde, kränkte sie sich namenlos, jedoch ohne daß jemand etwas ahnte; zog sich eine Erkältung zu, legte sich nieder und starb, als wenn sie es sich so gewünscht hätte. Sie hinterließ ein Testament, in dem sie den Dichter der Sorge ihrer Eltern empfahl und mit rührenden Worten von ihrer unsäglichen Liebe zu ihm sprach. Die andere, Charlotte von Paumgarten, hatte sich ihm als glühende Verehrerin seiner Dichtungen genähert. Mit ihr unterhielt er ein Liebesverhältnis noch zur Zeit, da er Kathi schon kannte; brach es aber ab, weil er sie für eine berechnende Natur hielt und er die Form des anspruchsvollen Empiresofas, auf dem sie ihre Schäferstunden verbrachten, nicht mehr ertragen konnte; worin man vielleicht einen Einfluß Kathis sehen darf. Erst einige Zeit nach ihrem Tode erfuhr er, daß sie, die unglücklich mit ihrem Mann lebte, aus Kränkung über Grillparzers Verachtung dahingesiecht war. »Weiß Gott«, schrieb er, »ich hatte keine Vorstellung davon, daß diese Leidenschaft so tiefe Wurzeln geschlagen hätte. Der einzige poetische Punkt in ihrem Leben war diese Liebe und daran starb sie«. Niemand ärgerte sich wütender über die Kälte dieser Worte als er selbst.

Während er Kathi gegenüber trotzte und schwieg, während er sich zurückzog und wiederkam, war er von ihrer aufrichtigen und reinen Liebe überzeugt. Er drückte es unter anderem in dem herrlichen Gedicht »Jugenderinnerungen im Grünen« aus: »Der Zweifel, der mir schwarz oft nachgestrebet, ob Güte sei? Durch sie ward er erhellet der Mensch ist gut, ich weiß es, denn sie lebet, ihr Herz ist Bürge mir für eine Welt.« Aber Güte ist für einen Dichter in der Liebe nicht genug ...

Im Jahre 1829 schrieb er in sein Tagebuch: Die Frau ist schön, schön, schön ... Doch diese Frau, die ihn so bezauberte, daß er nur ein paar abgerissene Worte über sie herausstoßen konnte, und all das andere, das glutvolle Erlebnis, die berauschende Erfüllung, zwischen den Zeilen und Gedankenpunkten erraten läßt – diese Frau war nicht Kathi!

Es war Marie von Smolenitz, damals schon Frau Daffinger. Marie hatte Grillparzer kennengelernt, als sie siebzehn Jahre war und ihm gegenüber wohnte. Sie war aus wohlhabender und feinsinniger Familie, lieblich, von dunklem, eigenartigem , unsäglich anziehendem Reiz. Marie war Eva, erregend, und für den Mann, der sich bemühte, sie mit männlichem Verstand zu begreifen, ein Geheimnis. In ihren Armen schien Grillparzer noch am ehesten schmelzen, sich vergessen, ungestörte Beglückung empfinden zu können. Er verfiel ihrer Lockung deswegen öfter wieder, nachdem er sich schon von ihr losgemacht hatte. Hier galt offenbar nicht, was ihn bei anderen verfolgte: daß sein Gefühl in dem Augenblick erkaltete, in dem er Gegenliebe erhielt. Doch statt zuzugreifen und das »wunderschöne« Mädchen mit lohbraunen Augen zu heiraten, spintisierte er über die »menschliche« Beimischung ihres sonst himmlischen Gesichts. Auch hier blieb ein unerfüllter Rest. Marie litt und machte dann kurzerhand ein Ende – mußte es wahrscheinlich machen – indem sie sich plötzlich entschloß, den Maler Daffinger zu heiraten, dem sie schon einige Körbe gegeben hatte. Daffinger, den Grillparzer als zu roh für sie bezeichnete, war sein psychologisches Gegenteil: eine echte Malernatur, unkompliziert, unintellektuell, genußfreudig, impulsiv, nicht ohne Derbheit. Er liebte das kleine Mädchen heiß, das Marie im ersten Jahr der Ehe gebar, ihr einziges Kind, und ohne eine Ahnung zu haben, daß es wahrscheinlich gar nicht sein Kind war, sondern das Grillparzers. Diesen rief er häufig, wenn er einen Friedensvermittler in seiner Ehe brauchte. Und Grillparzer kam, widerstrebend, sich Vorwürfe machend und schließlich wieder dem Mona-Lisa-Reiz Maries verfallend, die auch ihn nicht vergessen hatte. Und die er nicht vergaß; denn noch als Alternder schwebte ihre Gestalt ihm bei mancher seiner wunderbar lebensechten Frauengestalten vor.

Hier entrollt sich das Rätsel Grillparzer, das wahrscheinlich das Rätsel des Künstlers überhaupt ist. Der Mann, der im Leben mit den Frauen und seinen Gefühlen für sie nie fertig wurde, war als Dichter ein hervorragender, ein auch heute noch kaum erreichter Kenner weiblicher Psychologie, ein Meister im Formen weiblicher Gestalten.

Hilflos der Wirklichkeit gegenüber, war er ein triumphierendes Genie in der Sphäre des Dichterischen mit demselben Material, das ihm dort nie endenwollende Schwierigkeiten bereitete. Immer wieder steht man, als Frau, verblüfft vor Grillparzers tiefer Kenntnis der weiblichen Seele. Immer wieder bewundert man die Frische, die Lebendigkeit, ja die Modernität dieser Gestalten, die aus über hundert Jahre alten Blättern herausleuchten, als wären sie eben geschaffen; denn sie alle, diese Heros, Melittas, Edritas und Libussas, sie waren nichts anderes als Wiener Frauen und Mädchen. In Libussa brachte er sogar mit dem den drei Töchtern des Krokus' unterworfenen Gemeinwesens die Schwestern Fröhlich auf die Bühne. Doch immer kleidete er, der Illusionist, der Flüchtling vor der Wirklichkeit, alle die Kathis, Pepis, Maries und Charlotten in historische Gewänder – mit der einzigen Ausnahme seiner schon früher genannten prächtigen Barbara im »Armen Spielmann«. Wie er sie feinfühlig und oft schmerzlich empfand, so drückten sie sich im Spiegel seiner Seele ein, die ihr Bild dann in meistervoller Seelenmalerei wiedergab. Und weil sie echt waren, so sind sie es auch heute noch; werden es immer sein, genau wie Shakespeares Frauen, mit denen die Grillparzers überhaupt manche Ähnlichkeit haben; wenn man von den Eigenheiten absieht, die diese als Wienerinnen, jene als Engländerinnen erkennen lassen.

Die Frauen wieder konnten nicht anders, als diesen Mann lieben, dessen Feingefühl und Verstehen sie empfanden. Trotzdem vermißten sie etwas, und an diesem Mangel litten sie; machten trotzig Schluß wie Marie, oder zerkrampften sich tapfer in die langsame Abkühlung des Alters hinein wie Kathi. Das, was ihnen abging, war etwas, das Grillparzer fehlte: ein größerer Schuß Männlichkeit in seinem mit allzuviel weiblichen Elementen belasteten Wesen. Deshalb sein beständig innerer Kampf zwischen diesen beiden Seelen, seine Unfähigkeit zum Entschluß, seine Furcht vor geistiger Impotenz, dem »Versagen innerer Quellen«. Ja, seine Furcht vor Kathis Bestimmtheit. Soll er doch Deinhardstein auf dessen vertrauliche Frage, warum er Kathi nicht heirate, geantwortet haben: »I fürcht mi.« Dichterisch hat er es ausgedrückt mit den Worten »Wir glühten … aber, ach, wir schmolzen nicht.« Wenn aber Kathi nicht so, wie er es wünschte, seelisch hingebend war, sie ihn aber – wie er selbst bestätigt – hingebend geliebt hat, so lag es wohl nur an ihm, dem Mann, sie richtig zu erfassen; besser gesagt, zu fassen. Kathi liebte, sie wollte wieder geliebt werden; wollte heiraten, Kinder haben und daneben alles Schöne mit ihm genießen. Es war sehr einfach, sehr lapidar. Sie wollte Lebenswirklichkeit. Er aber … ja, was wollte er? »Die tiefe Sehnsucht des Herzens nach Nahrung« befriedigen, die »nie befriedigt wird.« Er wollte mehr als Wirklichkeit! Kathi war ihm zu einfach.

Trotzdem lag gerade darin ihr Zauber und ihre Kraft, der er jahrzehntelang nicht zu entkommen vermochte, so daß manche gar von einer Tyrannei der »Parzen« sprachen. Die Schwestern waren längst vier Treppen hoch in ihre historisch gewordene Wohnung in der Spiegelgasse gezogen, wo Grillparzer sie täglich besuchte, wo er Klavier spielte, plauderte, sich entspannte und aus dem Dichter einen Menschen werden ließ. Wien redete; Wien zerbrach sich den Kopf, ob ... Genau so wie später die Literaturhistoriker. Lag der ewigen Brautschaft Kathis mit Grillparzer ein Liebesverhältnis zugrunde oder nicht?

Grillparzer selbst hat die Antwort gegeben, die für ihn typische Antwort, die einen noch nach hundert Jahren Mitleid mit dem Mädchen empfinden läßt, obwohl man vielleicht ihn noch mehr bemitleiden sollte. Im Tagebuch vom Mai 1826 steht die Eintragung: »Am Ende war es doch mein grillenhaft beobachteter Vorsatz, das Mädchen nicht zu genießen, was mich in diesen kläglichen Zustand versetzt hat ... Es war kein eigentlicher tugendhafter Entschluß, er war erzeugt durch ein vielleicht bloß ästhetisches künstlerisches Wohlgefallen an des Mädchens Reinheit ...«

Je weiter die Jahre fortschritten, desto mehr traten die Schwestern Netti und Pepi neben Kathi in den Vordergrund. Es scheint, daß Grillparzer, der mit zunehmendem Alter in weniger heftige Affären mit Frauen verwickelt war, gerade durch die Mehrzahl der Fröhlichschen Weiblichkeit angezogen wurde. Denn wenn er auch oft innerlich tobte gegen diese Abhängigkeit, Reisen machte, sich aus Wien versetzen lassen wollte, so landete er doch schließlich immer wieder vier Treppen hoch in der Spiegelgasse. Hier war, wenn er mit der bösen Außenwelt – mit Staatsdienst, Zensur usw. – zerfallen war, eine friedliche Oase voll weiblicher Wärme. Hier war ein ganz anderes Leben; denn die kleine Wohnung war kein Alt-Jungfern-Heim. Die Kunst und der »Tratsch« der Stadt brandeten hier herein. Musik erfüllte den kleinen Käfig und das Zwitschern junger Mädchen, Nettis Schülerinnen vom Konservatorium, die Grillparzer gar nicht zuwider waren. Hier zitterte man um ihn, wenn wieder ein Stück von ihm uraufgeführt wurde. Hier verwöhnte man ihn; umwellte, bewunderte ihn. Hier wurde für seine Bequemlichkeit gesorgt, nicht von einer Hausfrau, sondern von einigen. Als Kathi mit Pepi einmal nach Italien fuhr, war ihre größte Sorge inmitten der Schönheiten des Landes, ob Grillparzers Wäsche in Ordnung sei! Hier interessierte er sich aber auch für ihre Angelegenheiten, schrieb brav Gelegenheitsgedichte, wenn sie ihn darum baten, half ihnen auch wohl, wenn es galt, Eingaben zu machen oder einen Kampf mit einer offiziellen Stelle auszufechten. Ihnen zuliebe überwand er sogar seine Abneigung gegen Vereine und ließ sich in den Ausschuß der Gesellschaft der Musikfreunde wählen. Für Bettys Sohn Wilhelm hegte er eine große Anhänglichkeit. Dieser Wilhelm wurde auch von den Tanten über Gebühr verzogen; sein erster Zahn in Gold gefaßt zu einer Brosche verarbeitet.

Wien hatte schon lange aufgehört zu reden, nahm die Tatsache der ewigen Brautschaft hin. Die Fröhlichs verloren nicht eine Perle aus ihrer Krone. Im Gegenteil. Je älter sie wurden, desto berühmter wurde Grillparzer, und desto mehr taten sie sich auf ihn zugute. Als seine alte Wirtschafterin starb und er mit neuen nicht zurechtkommen konnte, schlugen sie ihm vor, Zimmerherr bei ihnen zu werden. Was sie boten, war rührende Schlichtheit; aber er wollte es wohl nicht anders. Er nahm an. Es geschah, indem vor die Verbindungstüre auf der einen Seite ein Kasten, auf der anderen ein Klavier geschoben wurde. Er war damals sechzig, Kathi fünfzig Jahre alt! Nun war er erst recht »ihr« Grillparzer geworden, den sie hegen und pflegen und für den sie eigentlich alle drei in einer einzig dastehenden Eintracht leben konnten.

Für Kathi, die doch das lebhafteste Temperament und die größte Liebe gehabt hatte, war freilich hinter der immer ruhiger werdenden Fassade nicht alles so glatt und still gegangen. Doch sie kämpfte sich tapfer durch, biß sich durch die grausamen Anwürfe ihres Herzensschmerzes, um sich mit dem, was ihr das Schicksal gab, begnügen zu können. Man braucht nur einen der Briefe zu lesen, die sie, wenn er oder sie von Wien abwesend war, ihm schickte, zögernd immer, in Furcht, er könnte böse darüber sein. »Ihr lieber Brief den ich gestern erhilt« schrieb sie 1843, »hat uns alle vergnügt, mich ganz glücklich gemacht. Lachen Sie, spotten Sie, er wurde abgeherzt und abgedrückt. ... Der junge Mann ist von Dir, Du abscheulicher Mensch ganz entzückt. Waren auch Frauen dabei? Nur nicht zu viel Schneketänze machen! ...

Wo werden Sie ihren Namenstag zubringen? Wo soll ich Dich suchen? ... Sie, Du; ganz wirre durcheinander geworfen, das kommt daher, weil mein Herz so voll und meine Furcht Sie zu ermüden so groß ist. Entschuldigen Sie daher und erfreun Sie bald mit einem Schreiben Ihre Kathi.« In diesem Brief offenbart sich das ganze rührende schlichte Heldentum ihres Herzens. Er hatte ihr das Du verboten, aber das Gemüt konnte sich damit nicht befreunden. Damals kannte, liebte sie ihn und ward von dieser Liebe gequält seit zweiundzwanzig Jahren – Es sei gut, daß es keinen zweiten Menschen gäbe wie Grillparzer, sagte sie einmal. Doch um nichts in der Welt hätte sie sich von ihm getrennt.

Die Tage, da er geträumt hatte davon, daß »ein Weib Ausdauer und Selbstgewältigung genug hätte, diese Rinde (seines Inneren) zu durchdringen«, um mehr zu finden als sie hoffte, diese Tage, diese Jahre gingen vorüber. Ein halbes Jahrhundert Beisammensein ist lang. Die Sehnsucht wurde zahmer, das Feuer flackerte nicht mehr so hoch. Das Alter hat seine Kompensationen. Vielleicht lächelte es dem ewigen Brautpaar schöner als die Jugend. Vielleicht genossen sie ihr Alter miteinander besser als die Jugend, dessen Genüsse sie im Ringen miteinander versäumen mußten. Es ist anzunehmen. Als Grillparzer mit einundachtzig Jahren gestorben war, waren alle vier Schwestern noch am Leben. Sie gaben auch jetzt den Kult nicht auf. Sie hüteten sein Zimmer, sein Eigentum, sie horchten, was die Leute über ihn und seine Werke sprachen; und sie erzählten von ihm. »Den Ruhm ihres Dichters mit steter Wachsamkeit verfolgend, waren sie ungemein feinfühlig in bezug auf die Beschaffenheit des Lorbeers, der ihm gereicht wurde. Die Reklame war ihnen verhaßt. Niemals haben sie seinen Glanz für sich selbst ausgebeutet. Nie ein Bild Kathis veröffentlicht«. Als sein Drama »Bruderzwist in Habsburg«, das er erst nach seinem Tode gleichsam als ein Vermächtnis aufgeführt haben wollte, im Stadttheater gespielt wurde, standen drei in vormärzlicher Mode gekleidete Greisinnen vor dem Tor. Ängstlich fragten sie einen das Haus verlassenden Schauspieler, wie es denn da drinnen ihrem guten Grillparzer erginge? Als sie hörten, daß sein Stück gefalle, dankten sie herzlich und trippelten glücklich lächelnd Arm in Arm davon. –

Sie starben, alle über achtzig Jahre alt, in umgekehrtem Verhältnis zu ihrem Alter, die jüngste Pepi zuerst, Netti zuletzt. Netti wußte noch bis zum letzten Tage am besten von ihm zu erzählen. Und noch am Totenbett zitterte sie, da die Wiederaufnahme von »Weh dem, der lügt« bevorstand. Doch sie erlebte es noch, daß dies Schmerzenskind ihres Dichters herrlich zu Ehren kam.

Kapitel 7

WIENER LIEBE: ENDE GUT, ALLES GUT DIE SEKRETÄRIN DER KAISERIN

Hier nun, zum Abschluß, folgt die Geschichte der klugen, tüchtigen Charlotte Greiner, deren Bräutigam, wie anfangs schon erwähnt, jahrelang warten mußte, bis er die Erlaubnis zur Ehe erhielt.

Gegeben hat die Erlaubnis niemand anderer als die große Kaiserin Maria Theresia. Charlotte nämlich war ihre Sekretärin, ihre Vorleserin, ihre Vertraute und das, man glaubt es kaum, schon im Alter von dreizehn Jahren, als halbes Kind!

Geschrieben hat diese Geschichte Karoline Pichler, Charlottes hübsche, talentierte Tochter, eine berühmte Schriftstellerin der Biedermeierzeit. Auch die Pichler liebte Wien. Sie war nicht nur schön, sie war hochtalentiert, und ihre Bücher sind heute noch lesenswert. Die Geschichte ihrer Mutter liest sich wie ein Märchen, Wien, die Märchenstadt. Wieder einmal!

Charlotte Greiner, Waise und arm, war aus Mitleid von Kaiserin Maria Theresia an den Hof gebracht und dort erzogen worden. Die beiden liebten sich innig, deshalb wurde sie schon als kleines Kind zum persönlichen Dienst bei der Kaiserin bestimmt. Ein sehr würdiges spanisches Fräulein brachte ihr bei, was man damals kleinen Mädchen beizubringen pflegte, doch Charlotte genügte das nicht.

*

*** *Die Geschichte meiner Mutter* ***
(von Karoline Pichler)

Meiner Mutter ungewöhnlich lebhafter und durchdringender Geist fühlte bald die Schranken, welche die Beschränktheit ihrer Umgebungen demselben anlegte. Sie dürstete nach Kenntnissen, nach gründlichen Erklärungen der Dinge oder Begebenheiten, die sie um sich sah, und sie benutzte die Besuche einiger älterer, gebildeter Männer, welche in das Haus ihrer Erzieherin kamen, um von ihnen Antwort auf die Fragen zu erhalten, welche sich ihr während der Zeit aufgedrängt, und die sie sich deshalb aufzuschreiben pflegte. So strebte ihr Geist weit über ihre Lage, über ihre Gefährtinnen hinaus, und bildete sich meist aus sich selbst.

In diesem Alter war sie auch oft die Spielgefährtin der kaiserlichen Prinzessinnen und lernte in diesem ungezwungenen Beisammensein jene nahe und genau kennen, welche einst die ersten Throne Europas einzunehmen bestimmt waren. Etwas später, da man die ungewöhnlichen Fähigkeiten dieses Kindes beurteilen lernte, wurde sie zur künftigen Vorleserin der Kaiserin bestimmt, und zu dem Ende der Obersthofmeisterin Gräfing Fuchs (nach dem Brauch jener Zeit Gräfin Füchsin genannt) übergeben, bei welcher sie sich im Lesen von Druck- sowohl als Handschriften üben mußte.

Als sie ihr dreizehntes Jahr erreicht hatte, fand man sie geschickt und klug genug, um ihren nicht leichten Dienst anzutreten, und schon dies bürgt für ihre hohe Geisteskraft und Fähigkeit. Sie hatte in dieser Stelle teils mit andern Fräulein ihres Ranges, welche insgesamt den Titel kaiserlicher Kammerdienerinnen trugen, die Toilette und persönliche Bedienung ihrer Gebieterin zu besorgen, teils allein das Amt, der Regentin vorzulesen. Diese Lektüre bestand aber nicht in Romanen oder Unterhaltungsbüchern; es waren Geschäftsschriften, Berichte, Depeschen, kurz Staatsangelegenheiten, über welche die Monarchin selbst entschied, und in denen sie mit unermüdlicher Anstrengung täglich viele Stunden arbeitete, wobei meine Mutter ihr vorlas und überhaupt oft Sekretärsdienste verrichtete.

Natürlich waren wichtige Geheimnisse in den Händen des jungen Mädchens, aber ein frühreifer Geist, bei dem vielleicht die einsame Stellung, ohne Blutsverwandte, ohne Freunde, auf einer Höhe, die von vielen beneidet ward, noch die angeborne Urteilskraft vermehrte und den Beobachtungssinn schärfte, dieser wahrhaft männliche Geist gab meiner Mutter die Kraft, die Verschwiegenheit, die ganze würdige Haltung, welche ihr Platz forderte, und welche ihr das Vertrauen der Fürstin bis an deren Tod sicherte.

Maria Theresia führte ein äußerst tätiges und sehr regelmäßiges Leben. Um fünf Uhr im Sommer, im Winter wahrscheinlich später, stand sie täglich auf, und eine Klingel rief ihren Zofen. Es war Etikette, daß keine anders als frisiert, im seidenen Kleide (man kannte damals unsre Perkals, englische Leinwand usw. nicht), ja selbst im Reifrocke, der aber zum Negligée nur von kleinem Umfang war und Hanserl genannt wurde, vor der Fürstin erscheinen durfte. Dies machte sehr frühes Aufstehen auch den Kammerdienerinnen, wenigstens denen, welche für diesen Tag im Dienste waren, notwendig. Die Toilette der Kaiserin war der mühsamste, wie der unbelohnendste Teil des Dienstes, den meine Mutter zu versehen hatte. Da sie ihn aber mit ebensoviel Geschmack als Schnelle und Geschicklichkeit versah, so ward ihr die Pflicht, ihre Monarchin täglich zu frisieren, dahingegen die andern Fräulein im Dienste abwechselten und manchen Tag ganz frei hatten. Diese ganz freien Tage wurden auch meiner Mutter nach ihrer Tour, nur daß das Frisieren am Morgen und das Vorlesen auf die Nacht jeden Tag ihr ausschließendes Geschäft blieb, in welchem keine andere sie ablösen konnte, weil keine es so zu verrichten verstand wie sie …

Ihre trübsten Stunden hatte meine Mutter also bei der Toilette der Kaiserin oder bei der Verfertigung ihres Putzes, denn dazumal wußte man nicht so viel von Marchandes de mode, und die Fräulein, welche die Monarchin bedienten, waren auch größtenteils ihre Putzmacherinnen. Oft – sehr oft mußte eine Haube vier- bis fünfmal anders gesteckt werden, bis sie nach dem Geschmacke der Gebieterin war, und wer diese Art von Arbeit zu beurteilen versteht, wird wissen, daß ein öfteres Auf- und Andersmachen der Sache gar nicht so förderlich ist, ja meistens die Schönheit der Stoffe und des Zubehörs ganz zerstört. Ebenso ging es mit der Frisur. Auch an dieser zupfte, rupfte, änderte die hohe Frau so viel und so lange, bis sie verdorben war und neu gemacht werden mußte, was denn bei der damaligen Art des Haarputzes gemeiniglich dahin führte, daß der ganze Bau zerstört, die Haare ausgekämmt und nicht selten neu in Papilloten gewickelt und gekräuselt werden mußten. Daß die Gebieterin dabei übellaunig wurde, daß die Zofen das entgelten mußten, ist ebenso natürlich.

Eine viel minder verdrießliche, wenn gleich auch anstrengende Art des Dienstes, war das Vorlesen der Geschäftsschriften in den verschiedenen Sprachen, welche in den weiten Provinzen der Erbstaaten geredet wurden; deutsch, italienisch, französisch (in den Niederlanden) und lateinisch (in Ungarn). Da Französisch damals noch viel mehr als jetzt die Sprache der höhern Stände, ja der gebildeten Welt überhaupt war, so war sie denn auch an Maria Theresias Hof die herrschende, zumal da ihr Gemahl, Kaiser Franz I., als geborner Lothringer kaum Deutsch verstand und es nie sprach, auch seinetwegen viele Personen in den Hofdiensten Lothringer oder Niederländer waren. Meine Mutter hatte das Französische daher von ihrer Kindheit an wie eine zweite Muttersprache, ja wie ihre eigentliche gelernt und sprach und schrieb es mit gleicher Fertigkeit. Auch das Italienische war ihr geläufig. Damals wurde es überhaupt viel am Hofe und in Wien gesprochen, und der Dichter des Hofes war stets ein Italiener …

Diese Sprachen waren meiner Mutter also sehr geläufig, und sie redete sie wahrscheinlich zierlicher und korrekter als ihre Muttersprache.

Selbst die Kaiserin bediente sich des ganz gemeinen österreichischen Jargons, und folgende Anekdote, die ich oft aus dem Mund meiner seligen Mutter hörte, wird dienen, jene Zeit zu charakterisieren, von der ich spreche. Ein Fräulein aus Sachsen wurde als Kammerdienerin bei der Kaiserin angestellt, und meine Mutter, welche ihr damals schon mehrere Jahre gedient hatte, bekam den Auftrag, die Neue, so hieß jede Letzteingetretene unter den Fräulein, zum Dienst abzurichten. Das sächsische Fräulein nahm also in zweifelhaften Fällen immer ihre Zuflucht zu meiner Mutter, als ihrer Lehrerin. Eines Tages kam sie ganz verlegen und ängstlich zu ihr, und bat sie, ihr zu sagen, was sie zu tun habe. Ihre Majestät die Kaiserin habe das Blabe Buich verlangt. – Meine Mutter mußte lächeln, sie gab der Sächsin ein blaues Buch, in welchem die Kaiserin eben zu lesen pflegte, mit dem Bedeuten, es der Monarchin zu überreichen. Lange wollte die andere es nicht glauben, daß mit jener Bezeichnung ein blaues Buch gemeint sein sollte; – indes meine Mutter beharrte darauf, Fräulein M. übergab das Buch, und sieh! – es war das rechte. Diese Anekdote erklärt hinreichend, warum in den glänzenden Zirkeln Französisch oder Italienisch und nie Deutsch gesprochen wurde.

So las meine Mutter denn der Kaiserin viele Stunden und Stunden, besonders abends und nach dem sehr mäßigen Nachtessen, welches die Kaiserin in ihren Zimmern allein zu sich nahm, die Geschäftspapiere ihrer verschiedenen Staaten vor. Diese Lektüre dauerte fort, nachdem die Monarchin sich schon entkleiden lassen und zu Bette gelegt hatte, und selbst dann noch, bis der Schlaf sie überwältigte. Dann erst bekam meine Mutter die Erlaubnis, sich zu entfernen.

Wohl umgaben Glanz und Herrlichkeiten meine Mutter in ihrer Jugend, aber ihr Dienst war, wie man aus dem obigen sieht, nichts weniger als leicht, und manche Angewöhnungen der Monarchin machten in noch beschwerlicher. So z.B. konnte diese, als eine große, starkgebaute Frau, gar keine Wärme vertragen, wie sie denn überhaupt, trotz ihrer hohen Geburt und des königlichen Glanzes, der schon ihre Wiege umgab, in Rücksicht ihres Körpers nichts weniger als weichlich oder in ihren Gelüsten fordernd war. Geheizt durfte bei ihr fast gar nicht werden, die Furcht vor Zugluft kannte sie nicht, sie wußte nicht, was ein Rheumatismus sei, und selbst im Winter stand oft ein Fenster neben ihrem Schreibtisch offen, durch das der Wind meiner Mutter den Schnee auf das Papier warf, aus welchem sie vorlas. Eine Anekdote mag zum Belege des hier Gesagten dienen. Die Kaiserin, welche wirklich fromm und eine Christin im edelsten Sinne des Wortes war, ging, solange es ihr körperliches Befinden erlaubte, jährlich mit der Frohnleichnamsprozession.

An einem solchen Tage, als sie zu dem Ende von Schönbrunn nach der Stadt gefahren war, kam sie gegen Mittag, furchtbar erhitzt und ermüdet von dem heißen Juniustage, von der Schwere und Größe ihrer Person und dem langen, meist der Sonne ausgesetzten Gange durch die halbe Stadt, nach Schönbrunn zurück. Sie ließ sich sogleich ganz entkleiden – und setzte sich dann in der Mitte eines Kabinetts nieder, in welchem Fenster und Türen geöffnet werden mußten, mit nichts als einem Mieder, Rock und Pudermantel bekleidet, trank Limonade, aß Erdbeeren in Eis gekühlt und ließ sich von meiner Mutter die Haare auskämmen, die so naß waren, daß meine Mutter mehr als einmal ihre Hände trocknen mußte. Das alles schadete der kräftigen, noch immer blühenden Frau nicht im geringsten.

Maria Theresia forderte viel von ihren Dienerinnen; doch umgab sie sie dafür auch mit Glanz, Wohlstand und Ansehen, wodurch die einzelnen sich nicht bloß geehrt und nach Maßgabe ihrer Denkart auch beglückt fühlten, sondern wodurch ihnen auch ein Begriff ihrer eigenen Würde eingeflößt wurde, der vielleicht besser als die strengsten Verhaltungsbefehle dazu diente, sie vor fremder Zudringlichkeit und eigener Vernachlässigung zu bewahren. Sie standen unter einer Art von häuslicher, ja mütterlicher Aufsicht, mußten es melden, wenn sie ausgehen wollten und bemerken, wohin; dann wurde ihnen eine Hofequipage zu diesem Behuf angespannt oder irgendeine angesehene Frau, die aber dazu eigens bei der Monarchin die Erlaubnis nachsuchen mußte, durfte das Fräulein in ihrer eigenen Equipage abholen und mußte sie auch wieder ebenso zurückführen. Auf andere Art oder in einem Fiaker war durchaus den Kammerdienerinnen nicht erlaubt, auf den Straßen zu erscheinen. Keinesfalls durften sie zu Fuß gehen. In früherer Zeit wurden sie sogar mit sechs Pferden geführt, späterhin nur mit zweien. In Gesellschaften gebührte ihnen der Rang einer Hofrätin, und wenn keine solche gegenwärtig war, nahm das Fräulein vom Hofe vor den übrigen verheirateten Damen den Ehrenplatz auf dem Kanapee ein.

Ihren Tisch hatten sie vom Hofe, ihre Besoldungen waren mäßig, aber die Freigebigkeit der Monarchin, die vielen Teilungen ihrer

Garderobe ersetzten ihnen das reichlich, und sie fanden bei Ordnungsliebe und Sparsamkeit stets die Mittel sehr geschmackvoll und glänzend angezogen zu sein und doch etwas zurückzulegen. An den Tagen, an welchen sie den Dienst nicht hatten, war es ihnen auch vergönnt, auf ihren Zimmern Bekannte, selbst Männer, nicht bloß vom Hofe, sondern auch aus der Stadt, zu sehen, nur mußte die Kaiserin davon benachrichtigt und diese Personen von unbescholtenem Rufe sein.

Auf diese Art entspannen sich denn manche Bekanntschaften und auch die mit meinem Vater. Es war in der traurigen Zeit des Siebenjährigen Krieges, als Schrecken, Angst und Siegesruhm so oft in Wien und in der kaiserlichen Burg wechselten. Wohl erinnere ich mich noch an ein paar Züge, welche meine Mutter mir aus jener Zeit erzählt hat. Als König Friedrich mit seinen glücklichen Waffen immer weiter vorwärts drang, bereits in Mähren stand und Olmütz zu belagern anfing, da war am kaiserlichen Hofe eben die Zeit gekommen, auf eines der Lustschlösser zu ziehen. Es wurde also in den Kammern gepackt und zur Landfahrt zugerüstet. Meine Mutter war an den Koffern beschäftigt, um die Garderobe und täglichen Bedürfnisse ihrer Gebieterin einzupacken. Eben vorher war die Schreckensnachricht von jener Belagerung gekommen. Ohne zu klagen, ohne sich weiter zu äußern, sagte die Monarchin, indem sie, durchs Zimmer gehend, die Reiseanstalten betrachtete, zu meiner Mutter: »Nimm etwas mehr mit, vielleicht gehen wir weiter«.

Der Kurier von der Schlacht bei Hochkirch traf am Theresiatage, den 15. Oktober, hier ein, abends ziemlich spät, als schon die Prinzen und Prinzessinnen des kaiserlichen Hofes sich nach der Cour und Assemblée bei der Monarchin in ihre Zimmer zurückgezogen und angefangen hatten, sich auszukleiden. Die frohe Siegesbotschaft wurde schnell von der Kaiserin in alle Kammern ihrer Kinder gesendet und wunderlich geputzt, – jene Erzherzogin mit den Edelsteinen im Haare, aber im Nachtkleide, diese im Reifrocke und Galakleide mit zerstörter Frisur; Prinzen halb in Uniform, halb im Hausrocke, kamen sie eiligst wieder in den Zimmern ihrer erlauchten Mutter zusammen, um ihr, nach der Feier des Namenstages, noch zu der Feier des Sieges Glück zu wünschen.

Während dieser und ähnlicher abwechselnden Szenen entspann sich das zärtliche Verhältnis meiner Eltern. Mein Vater hatte unterdes die Stelle eines Sekretärs bei der böhmisch-österreichischen Kanzlei erlangt, er durfte allerdings als Freier auftreten, aber ans Ziel seiner Wünsche zu gelangen, wollte ihm noch immer nicht gelingen. Schon sehr oft war die Hand meiner Mutter von glänzenden und auch von minder bedeutenden Freiern gesucht worden. Außer den persönlichen Annehmlichkeiten einer sehr zierlichen Gestalt, anmutiger Gebärden und eines ausgezeichneten Geistes, war auch die Aussicht auf besondere Gunst und Unterstützung von Seite der Monarchin, welche ihrer geschätzten Dienerin und Vorleserin, und um ihretwillen auch dem künftigen Gemahl nicht wohl fehlen konnte, ein Hauptreiz, welche Freier lockte. Aber sie alle, welche bei der Monarchin selbst, die in so vielem und würdigem Sinn Mutterstelle bei ihren Untergebenen vertrat, ihr Gesuch anbringen mußten, sahen sich bisher abgewiesen.

Die Kaiserin konnte ihre Sekretärin nicht entbehren. Erst als sie Witwe wurde, und die Bedeutung eines Lebens ohne Mann erkannte, änderte sie ihr Verhalten – noch während des Trauerjahres erhielt meine Mutter die Erlaubnis, mit ihrer Hand zu schalten, und mein Vater erreichte das Ziel seiner heißen und lange genährten Wünsche. Als meine Mutter ihren Bräutigam der Monarchin vorstellte, war diese erstaunt, in meinem Vater einen zwar noch jungen (er zählte 35 Jahre, meine Mutter 26), aber sehr gesetzten, einfachen und wahrhaft deutschen Mann zu finden. Ich glaubte immer, äußerte sie hernach zu meiner Mutter, du würdest dir so einen galanten Herrn, einen Chevalier aussuchen. – Demnach gewann dieser einfache Mann späterhin durch seine erkannte Rechtlichkeit, seinen Diensteifer und seine vorzüglichen Geistesgaben die ausgezeichnete Huld seiner Monarchin, wovon diese Blätter unzweifelhafte Proben aufzeigen werden.

Die Heirat meiner Mutter war also beschlossen und wurde mit aller, damals am Hofe üblichen Feierlichkeit vollzogen. Die Verlöbnisse bestanden damals noch; – jenes meiner Mutter wurde acht Tage vor der Trauung gehalten. – Während dieser Zeit legte sie die Trauer ab, welche sie mit dem ganzen Hof noch für den verstorbenen Kaiser trug, und ging bunt. Am Tage der Hochzeit mußte sie sich in ihrem Brautstaat vor der Kaiserin zeigen, welche zu dem eigenen, nicht unbedeutenden Geschmeide, womit meine Mutter geschmückt war, einige Geschenke fügte und ihr dann noch eine Perlenschnur von unschätzbarem Werte um den Hals band, die jedoch die Braut nach der Feierlichkeit der Trauung wieder zurückgeben mußte, da sie unter das Geschmeide der k. k. Schatzkammer gehörte und nur bei solchen Gelegenheiten gebraucht wurde. In der sogenannten Kammerkapelle wurde die Zeremonie vollzogen, die Obersthofmeisterin der Kaiserin führte als Brautmutter die Braut an den Altar und nahm während der Trauung in einem Betstuhl Platz. Als der Geistliche an die Stelle kam, wo er die Braut auffordert, das Ja auszusprechen, mußte diese (so gebot es die Etikette), ehe sie antwortete, sich mit einer Verneigung gegen die Obersthofmeisterin wenden, sie gleichsam um die Erlaubnis dazu ersuchen. – Die Obersthofmeisterin erhob sich, drehte sich gegen das Oratorium, in welchem sich die Monarchin befand, und wiederholte die Verbeugung und die stumme Anfrage. Hierauf nickte die Kaiserin bejahend, die Obersthofmeisterin überlieferte durch ein ebensolches Zeichen die Einwilligung der, Mutterstelle vertretenden, hohen Frau, die Braut verbeugte sich dankbar, wendete sich dann gegen den Priester und sprach ihr Ja aus.

Nach der Trauung folgte meine Mutter ihrem Gemahl in sein Haus, wo indes seine Mutter, bei welcher er wohnte, alle Anstalten zur Mittagstafel und Bewirtung der Hochzeitsgäste getroffen hatte; – und dann ihrer Schnur die Führung des ganzen Hauswesens übergab.«

*

Es wurde eine sehr glückliche Ehe. Charlotte führte ein großes Haus, hielt Pferde und Wagen, hatte Dienstboten und Hauslehrer für ihre Kinder. Sie war berühmt für ihre Bildung, kein Wunder, daß ihre Tochter Karoline eine große Schriftstellerin wurde. Künstler, Musiker, Gelehrte, Minister, die Kaiserin gingen bei ihr ein und aus. Natürlich hielt sie täglich offene Tafel, jeder Gast war willkommen bei ihr zu essen, auch wenn sie ihn nur flüchtig kannte, oder wenn er nur von Freunden empfohlen war. Es war ein Haushalt, wie ihn die Wiener liebten; offene Türen, gedeckter Tisch, herrliches Essen, guter Wein, Musik, amüsante Konversation, es wurde Theater gespielt, geflirtet, gesungen, getanzt, immer gab es Gesellschaft, Langeweile war unbekannt. Zuerst wohnte Charlotte am Neuen Markt. Die Fenster der Wohnung gingen in die Kärntnerstraße. Später übersiedelte die Familie in das Haus zum Großen Christoph, Salvatorgasse 10. Charlottes Mann wurde Hofrat und blieb Zeit seines Lebens eine Stütze der Kaiserin. Charlotte selbst war Mittelpunkt der Wiener Gesellschaft. Sie war, Dank der Abhärtung im Dienste der Kaiserin, nie krank, wurde sehr alt, und war ihren Kindern eine liebevolle Mutter.

Ich hoffe sehr, daß Karoline Pichlers Memoiren wieder aufgelegt werden. Jeder, der Wien liebt, sollte sie lesen. Man erfährt die kleinsten Details des täglichen Lebens, so daß man wirklich fühlt, spürt, riecht, hört, *weiß* was es hieß, unter Maria Theresia Wienerin zu sein, oder unter Joseph II., oder während der Napoleonischen Kriege, oder im Biedermeier, als Karoline selbst Hausfrau und Mutter war und gleichzeitig dreißig Romane schrieb und die vornehme Welt empfing. Niemand nämlich kam nach Wien, ohne sie zu besuchen. Auch sie hielt die traditionelle offene Tafel, auch sie hatte immer Gäste, auch sie wußte oft nicht, wo ihr der Kopf stand und bei dieser Gelegenheit muß ich diesen Frauen ein Kompliment machen.

Wir »modernen« Frauen, die wir erst langsam wieder die Vergangenheit würdigen und lieben lernen,staunen sehr, wenn wir das Wort »Offene Tafel« hören. Doch dann sagen wir, »die hatten Dienstboten, die machten sich nicht selbst die Hände schmutzig, die hatten es ja leicht.« Nun, das hatten sie nicht.

Jeder, der heutzutage schon einmal dienstbare Geister als Hilfen hatte, weiß, daß nichts, aber auch gar nichts ohne das scharfe Auge der Hausfrau funktioniert. Steht man nicht selbst in der Küche, wird der Salat schlampig gewaschen, die Zwiebel zu groß geschnitten, und wer schmeckt ab? Wer behält die Übersicht? Die Nerven? Wer rettet das Diner, wenn irgendetwas schief geht, der Wein plötzlich vom Erdboden verschwunden ist, mit dem man die Sauce zubereiten wollte? Die Hausfrau und sonst niemand. Sie ist für alles verantwortlich, heute genau wie früher, da half auch die größte Schar Dienstboten nichts. Außerdem waren nicht alle Gastgeberinnen reich. Manche hatten nur ein Mädel und trotzdem stand ihr Haus jedem offen.

Man bedenke: Wir haben alle modernen Hilfen: Mixer, Griller, Kühlschränke, elektrische Öfen, selbstreinigende Backrohre, Herde, die nicht mehr mit der Hand stundenlang geschmirgelt werden müssen, damit sie nicht rosteten, wir haben Schnellkochplatten, Drucckochtöpfe, Toaster und das ganze Arsenal der Tiefkühlkost. Doch wer von uns denkt daran, Freunde und Bekannte durchzufüttern, oder ärmere Verwandte, oder die eigenen Großeltern Tag für Tag, Jahr für Jahr? Wer von uns kocht freiwillig für sieben oder acht Leute mehr, umsonst noch dazu, ohne die geringste Gegenleistung zu verlangen? Sicher. Österreich war reich. Die Landwirtschaft blühte. War kein Krieg, waren die Lebensmittel unvergleichlich billiger als jetzt. Leute einzuladen kostete daher weniger, als es uns heute kostet. Doch die Arbeit war schwer. Deshalb, Hut ab vor den Wienerinnen der Vergangenheit, und allen andern gastfreundlichen Damen der Provinz, denn die Sitte beschränkte sich nicht nur auf *VIENNA GLORIOSA*.

In Österreich war man freigiebiger als in Paris, London oder Madrid. Briefe, Reiseberichte, Memoiren derer, die uns besuchten, zeugen davon. Dieser schöne Zug der österreichischen Seele wurde wirklich von der ganzen Welt gelobt. Höchste Zeit, daß wir selbst davon erfahren.

Und damit schließe ich dieses kleine Buch über Wien und die Liebe, mit den amüsanten Worten des verehrten Rautenstrauch, der – man faßt es kaum – auch ein paar gute Haare fand an den Phäaken am Donaustrand:

*** *»Es gibt nur ein Wien«* ***

»So sprechen insgemein die Bürger dieser Stadt, meist aber nur jene, die nicht weiter als bis Baden oder Gumpoldskirchen gekommen sind. Wenn Fremde von London, Paris, oder anderen Städten sprechen, welche größer sind als Wien und auch ihre Vorzüge haben, so patscht der Wienerbürger auf seinen Bauch und spricht: So wie hier lebt man weder zu London noch zu Paris.

Umgeben von einer glückseligen Unwissenheit nennt er gewöhnlich alle Fremde, welche auf der Donau ankommen, Schwaben. Er fragt nicht, woher die Dinge kommen, die er genießt. Genug für ihn, daß sie da sind. Seine größte Sorge ist die Bequemlichkeit. Der Magen ist sein Element. Die Wohlfahrt des Staates berechnet er nach dem Preis der steirischen Kapaune und wenn der Grinzinger und der Ofnerwein geraten, so ist er überzeugt, daß es nur ein Wien gibt.

Indessen ist dieser Stolz doch nicht ganz ohne Grund. Die Fremden, welche aus allen Gegenden nach Wien kommen und denen es anfangs nicht gefallen will, lassen es sich in kurzem recht wohl behagen und finden es daselbst gar besser, als anderswo!

Der Hauptzug im Charakter der Wiener ist Wohltätigkeit, Treue und Redlichkeit. Ihre Herzen sind gut – nur das Blut ist zuweilen verdorben!«

»Wiener Grundsätze:«

- Man muß seine Nächsten lieben wie sich selbst. Das heißt: man soll das Weib eines andern so lieb haben als sein eigenes.

– Eine Braut ohne Geld ist wie eine Lampe ohne Öl.
– Ein Rausch ist besser als ein Fieber!
– Lieber nicht leben, als nicht tanzen!
– Es gibt nur ein Wien!

*

*** *Ende gut, alles gut* ***

Wie das letzte Kapitel, so endet auch die Geschichte Wiens, nämlich glücklich.

Wien wird wieder werden, was es vor dem Ersten Weltkrieg war: Eine Stadt mit vielen Sprachen, vielen Speisen, vielen Liedern, viel Glück.

Wien ist die Kunst, richtig die Hand zu küssen. Richtig Walzer zu tanzen. Ewig jung zu bleiben.

Der Dornröschenschlaf ist vorbei. Er hat nicht hundert, sondern nur siebzig Jahre gedauert. Doch das war genug. Wien ist wieder da: Das vielsprachige, vielschichtige, aufregende, pulsierende, singende, musizierende Herz des Alten Kontinents, der ganz neu werden wird. Freuen wir uns auf die Zukunft.

Wir können uns zurücklehnen – und Champagner trinken!

QUELLENVERZEICHNIS

Charles Burney: Eine musikalische Reise durch Alt Wien, 1773 (Hollinek, Wien, 1848).

Philipp Fahrbach: Alt Wiener Erinnerungen 1883 (Saturn Verlag, Wien 1935).

Johann Graf Fekete: Wien im Jahre 1787 (Rikola Verlag, Leipzig 1921).

Comte de la Garde: Gemälde des Wiener Kongresses 1814–1815 (Georg Müller, München 1912).

Ann Tizia Leitich: Die Wienerin (Frankh'sche Verlagsbuchhandlung, Stuttgart 1939).

Heinrich v. Levitschnigg: Wien, wie es war und ist (Hartleben, Wien 1848).

Herbert v. Marouschek: Wien, wie es weint und lacht (Wien, Leipzig 1936).

Johann Pezzl: Ein Tag im alten Wien (Leykam, Graz 1923).

Karoline Pichler: Denkwürdigkeiten meines Lebens (Georg Müller, München 1912).

Marcel Prawy: Johann Strauß, Weltgeschichte im Walzertakt (Molden, Wien 1975).

Josef Rautenstrauch: Über die Dienstmädchen in Wien (Wien 1781); Schwachheiten der Wiener (Wien 1782).

Lulu von Thürheim: Mein Leben 1819–1852 (Georg Müller, München 1914).

Friedrich Uhl: Aus meinem Leben (J. G. Cotta, Stuttgart-Berlin 1908).

DIE AUTORIN

Susanna Kubelka von Hermanitz wurde 1942 in Linz geboren. Zunächst Grundschullehrerin, studierte sie dann in Wien Anglistik und Germanistik. 1977 promovierte sie zum Dr. phil. mit einer Arbeit über die Englischen Schriftstellerinnen des 18. Jahrhunderts. Zwischen 1977 und 1980 arbeitete Frau Kubelka als Journalistin der Tageszeitung »Die Presse« in Wien.

Seit 1981 lebt sie als freie Schriftstellerin in Paris; Wien hat sie als Zweitwohnsitz beibehalten.

Bisherige Veröffentlichungen:
»Endlich über vierzig«, »Ich fange nochmal an«, »Burg vorhanden, Prinz gesucht«, »Ophelia lernt schwimmen«.

Ihre Bücher wurden in insgesamt 20 Sprachen übersetzt und erreichen eine Gesamtauflage von über eine Million Exemplaren.

Mein München

Ein Lesebuch von Sandra Paretti

Ullstein Buch 22652

»München, das ist der Landeplatz der Musen. München, das ist die Stadt, die gern das Babylon unserer Zeit wäre. München, das sind Leute, die das steife Hochdeutsch in eine vergoldete Barocksprache verwandelt haben«, stellt Sandra Paretti am Schluß ihrer Einleitung zu »ihrem München« fest und läßt dann alle zu Wort kommen, die sich über die Stadt geäußert haben: von Liesl Karlstadt und Karl Valentin über Richard Strauss, Thomas Mann bis zu Georg Kronawitter. Es ist ein weißblauer Bilderbogen, so strahlend wie der Himmel an manchen Sommertagen über der Isar.

ein Ullstein Buch

Mein Sachsen

Ein Lesebuch von Dieter Zimmer

Ullstein Buch 22603

»Die Sachsen haben viele große Geister hervorgebracht: Leibniz, der keineswegs den Keks erfand. Adam Riese, wenn er auch aus Franken zugewandert kam. Richard Wagner, wenn er auch, umgekehrt, in Bayern Karriere machte. Erich Kästner, wenn er auch, unglücklicherweise, ›Emil und die Detektive‹ nicht zu Hause in Dresden spielen ließ...«, so der Sachse Dieter Zimmer, Herausgeber dieses Bandes, in dem Dichter und Denker, Mitmenschen und Mitsachsen zu Wort kommen – von Schiller bis Ringelnatz, von Helene von Nostitz bis Erich Loest.

ein Ullstein Buch